# 続けられる人になるための37のやめる

脱・三日坊主で弱者でも勝てる

三浦孝偉

ぱる出版

# はじめに

突然ですが、あなたも一度はやったことがあるのではないでしょうか？


「新年の宣言」。

今年こそは、〇〇を達成してやる！という決意宣言を。

やはり人気は「ダイエット」「英語を代表とする語学・資格関連」「仕事・お金まわりに関する活動」だそうです。


ですが、残念ながらこんな調査データがあります。

なんと、**年始に宣言したことを継続できる人は全体のたった8％**。

残りの92％は、途中で挫折しているというのが現実です。


このデータを、僕は、「思いつきのスタートダッシュなんて意味がない」「モチベーションなんて続かない」ということをお伝えするときによく使っています。

誰もが苦手としている「継続」ですが、**僕が最も大事にしているのは、こういった宣言・気合いではなく「やる気の根を絶やさないこと」**です。結果、僕の周りの多くの方が「継続」を成功させ、今でもさまざまなジャンルで活躍されています。

いつも妻から「本当にだらしない」と怒られ続けている僕。禁煙も禁酒も何回もチャレンジしては挫折を繰り返すダメ人間。そりゃあだらしないと言われる。

そんな僕でもなぜか、メールマガジン（以下メルマガ）を10年間、YouTubeを3年間、毎日発信・更新することで、人生を好転させることができました。

いまだに学歴社会の日本で生まれ、肩書き・地位・名誉が欲しくてたまらなくて競争社会を生きてきましたが、どれもこれも運やタイミング・人脈なるもので決まる不確かなもの。

それに疲れた僕が行き着いた結論。

**「継続」だけは裏切らない。**

**「継続」は中身＝クオリティを超える。**


この書籍では、そんな話をしていきたいと思います。


申し遅れました。三浦孝偉と申します。

学生時代はラグビーに明け暮れていた体育会系おバカで、大手広告代理店に13年間勤務後、今では独立して法人・個人の方とさまざまな活動をしています。特に、毎日欠かさず配信している**メルマガ**（内容は起業・副業・ビジネス全般に関する情報）は、今では読者2万人、趣味で始めた**ラグビー情報YouTube**は、チャネル登録者数1万８０００人になりました。

また、過去には、苦手な**英語**の攻略、太り過ぎた自分が嫌で始めた**ダイエット**など、センスはなくても「継続」だけで成果を出すことができた経験があります。

そして、今ではその４つのジャンルの経験を活かし、継続指導もさせていただいています。

数年前に「ほんと三浦さんの継続力ってすごいですね。尊敬します！」と、ビジネス仲間から言われた当初は、全く理解できませんでした。確かに、メルマガ・YouTubeを同じように始める人もたくさんいましたが、ほとんどの方が挫折していきました。

「なんで禁煙・禁酒はダメで、メルマガやYouTube・英語・ダイエットはできたのか？」

そんな仲間のさりげない指摘から僕の「継続」についての研究は始まります。

これから、僕の実体験だけでなく、この10年、延べ人数で言うと500人以上の方のビジネス指導をさせていただいたケーススタディも載せながら、どうすれば三日坊主にならずに「継続」できるのか？をお伝えしていきます。

僕なりの「継続学」のすべてをこの書籍に詰め込みました。1人でも多くの方が、僕の継続ノウハウで人生を好転させていくことを願います。

三浦孝偉

脱・三日坊主で弱者でも勝てる
続けられる人になるための37の「やめる」contents



introduction

# 自分の現在地を知るための「やめる」

chapter 1

# モチベーションに頼らないための「やめる」

## chapter 2 SNSとうまく付き合うための「やめる」



## chapter 3 時間を使いこなすための「やめる」

chapter 4

# リフレッシュするための「やめる」

chapter 5

## 失敗してもあきらめないための「やめる」




●ブックデザイン・DTP
吉崎広明（ベルソグラフィック）
●イラスト
Anchalee Ar/shutterstock.com
●編集　岩川実加

introduction

# 自分の現在地を知るための「やめる」

# 01 建前をやめる

継続するためのノウハウ、記念すべき1つ目をどれにするか？　かなり悩みましたが、継続挫折率Ｎｏ．1の「建前」をやめる、という話から入らせてください。

僕のビジネス指導のメインは「副業・起業」ではありますが、僕の「継続力」を盗みに、英語学習やダイエットの継続に悩まれている方も多くいらっしゃいます。

そうして来てくれた方には、どんな方であろうと最初に必ず、「面談」なるものをさせていただきます。そして、必ずする質問があります。

「なぜそれを達成したいの？」「なんで稼ぎたいの？　会社から給料もらってるんでしょ？」「なんで痩せたいの？　今でも十分に魅力的だけど？」「英語？　外資系に就職したいの？」

あえて少し意地悪な感じで、本音を引き出そうと狙います。

というのも、この質問の返答次第である程度、この人は継続できるか？ できないか？ わかってしまうんです。

**『継続できる人』＝かなりリアル・具体的・シンプル・本音**
**『継続できない人』＝抽象的・理想論すぎる・本音じゃなくカッコつけての「建前」**

副業が一番わかりやすいのですが、どう考えても副業に興味がある人の関心事は「お金」です。会社の給料だけでは満足できないから、あるいは未来が不安だから、副業を考える。会社の給料で十分に満足している人は、絶対に副業は考えません。

さらに言うと、いまだに副業は社会的なイメージが悪いので、副業をしている人を、嫌悪感をもって見る人はとても多い。だからなのか、「もっと自分の可能性を探したくて」とか「サイドビジネスに興味がある」などという、もっともらしくも全く中身のない理由を答える方も多いのですが、その90％は途中で挫折していきます。

また、本当は自分で稼ぎたいのに「家族のために」という隠れ蓑を使う人も、途中で少しつらくなると挫折してしまう方が多いです。「建前」は継続の邪魔でしかありません。

僕がメルマガを始めた理由は、確かに世の中の理不尽さに物申したい気持ちもありましたが、それ以上に「メルマガは稼げる」ということを聞き、「稼ぎたい」と思ったからです。YouTubeも、たまに建前で「お世話になったラグビー業界に少しでも貢献したい！」と言いますが、始めた理由は最新のトレンドメディアであるYouTubeを攻略したいとずっと思っていて、テーマを探していたから。いざやってみたら想像以上に反応があったので、自身のブランディングやビジネスの可能性を感じ、今でも続けられています。

つまり、**「継続の一番の敵は建前」**です。

なんとなくで始めても続きません。人から言われてやり始めても続きません。まずはとことん自分に向き合い、「それを継続して得られる未来」を明確にイメージすることから始めましょう。

ここで1つ僕からの「継続できる人分析レポート」を。

僕自身と、継続指導をさせていただいた500人の方々の継続について、建前でなく本音ベースでリサーチしたところ、人それぞれ継続スイッチ＝継続する理由が違うことがわかりました。

**まずは、建前でなく本音での自分の現在地を知ることがとても大事**です。

あなたが今、それを継続して達成したい理由はなんでしょうか？　次のどのタイプに当てはまりますか？　その現在地を知るだけで継続力は一気に跳ね上がります。ぜひ、トライしてみてください。

| 継続できる人分析レポート | | |
|---|---|---|
| 1 | **モチベーション2.0<br>＝物欲・性欲タイプ**<br>圧倒的にこのタイプが多い | (例) 20代のウチにAUDIのクーペ(2, 000万円) が欲しい!<br>最初は隠していたけど、美顔器が欲しい!<br>モテたい! |
| 2 | **貧乏くさい自分が嫌いだ! タイプ**<br>1よりも目標値が低いため成功率は高い | (例) 毎日のランチ代1, 000円が払えない……<br>スーパーで値札ばかり見る自分が大嫌い<br>美容院くらい旦那の顔色をうかがわずに好きなときに行きたい! |
| 3 | **奉仕タイプ**<br>多くはないがごくまれにいる | (例) 妻と息子のために受験用の塾代(年間300万) を稼ぎたい<br>夫が無職になったため、自分が発起! |
| 4 | **記憶より記録タイプ**<br>目標設定が数値で見える化ができたら強い | (例) 目的が記録挑戦へ<br>ダイエット→ベンチプレスの数値<br>英語習得→TOEICスコア |
| 5 | **コンプレックスタイプ**<br>怒りのパワーは計り知れないが、<br>ある程度達成したら移行を推奨 | (例) ○○を見返したい<br>高校の同級生に普通に会えるようになりたい |
| 6 | **褒められたいタイプ**<br>1の次に多い。褒めてくれる人を<br>見つけられるかが鍵 | (例) 憧れの人・尊敬する人に褒められたい |
| 7 | **尊敬されたいタイプ**<br>エリート、プライドが高い人に多い。<br>ジャンル選定が重要 | (例) 転売やアフィリエイトではなく、法人コンサルなど、社会的にもわかりやすく評価が高い仕事がしたい |
| 8 | **居場所が欲しいタイプ**<br>やることよりも環境選びが大事<br>(帰属意識) | (例) コミュニティや仲間と一緒にいたい<br>尊敬している人と離れるのが怖い |
| 9 | **知的欲求の塊タイプ**<br>1つのことを長く継続するより、<br>複数の新しいことに取り組む | (例) 新しいことへのチャレンジ大好き<br>(ある程度結果が出たら次へ) |
| 10 | **自己実現タイプ**　数%。何をやっても続けられる強靭な精神力の持ち主 | |

最後の10番目に相当する人は、５００人の中でも数人程度でした。やはりみんな、何かしら「継続すべき理由」があります。

その「理由」から逃げないこと。変な建前で自分を取り繕わないこと。

別に人に言わなくてもいいのです。自分の心の中にしまっておくこと。

現在地を知ることから継続は始まります。

# 02 欲望から逃げるのをやめる

先ほどの項で、「建前をやめる重要性」をお伝えしました。「何かを成し遂げたい」「夢を実現したい」というのは、やはり簡単には叶いません。簡単に叶わないからこそ「夢」なんです。だから**本気で望んでいない「建前」的な目標なんて、すぐに挫折してしまいます。**

残念ながら、

「ちょっと痩せてみたい」
「日常会話程度の英語力が身に付けばいいな〜」
「副業で小銭稼ぎを」

といった入口で継続できた人はほぼいません。

「痩せてもっとカッコよくなって俺を振った女性を見返したい！ モテたい！」
「もっと年収ＵＰとキャリアＵＰを目指したい。そのためには、英語力はマスト！」
「今の職場環境から逃げ出したい。だけどいきなり起業は怖い。まずは給料と同じくらい副業で稼ぐ！」

こういった**「本音」で向き合っている人が、全員継続に成功し、新しい未来を切り拓いていきました。**

ここで、また僕のビジネス仲間のケーススタディを。

数年前に開催した、副業・起業ビジネスコミュニティのメンバーがかなり個性的で、今でもたまに思い出します。

初回面談が終わった時点で「なぜ今回のコミュニティに参加したのか？」と聞いたときの、印象的だった回答をいくつかご紹介させてください。

彼ら彼女らは全員「継続」に成功して、自分の目標＝夢を叶えていきました。

## ●「ランチに1，000円以上使いたいんです」

毎日お昼休みになると上司からかかる「おいランチ行くぞ」という声が嫌でしょうがなかったHくん。どの店に行ってもだいたい1，000円はかかる。その1，000円の出費が痛いHくんはずっと逃げていたが、「ランチ代の1，000円くらい自由に使えるようになりたい！」と、貧乏くさい自分が嫌になって副業を始める。

## ●「AKBの握手会にできるだけ参加したいんです」

僕も初めて知りましたが、アイドルの追っかけ・コアファンは本当にお金がかかるようです。別にお金をかけないファンもいらっしゃいますが、Kくんはコアのコアファン。握手会のチケット・推しのメンバーの投票のためにCDを10枚買うレベル。ファンで居続けること＝出費がかさむのが悩みで、副業を始めることに。

## ●「妻に甲斐性なしとバカにされたくない」

真面目なサラリーマンのOさん。とても丁寧な仕事スタイルが僕は大好きですが、どうやら人が良すぎるのか、会社での評価はイマイチ。家でもいつも安月給を指摘され、肩身の狭かったOさんは、ブログでのマネタイズに挑戦することに。

## ●「息子にいい中学に行かせてあげたい」

息子への教育に関心が高い奥様を持つTさん。名前を聞けば誰もが知っている会社に勤務しているものの、奥様が息子さんに最高の環境で学ばせるために通わせたい塾は、年間300万円かかるとのこと。どう考えても会社の給料だけでは無理なので、息子さんのため……いや奥様のため、自分の威厳を保つために副業を開始。

## ●「旦那にバレる前に、年内中に借金100万円を返済したい」

ビジネス系の塾やコミュニティにリボ払いで参加していたTさん。その業界では「ノウハウコレクター」と呼ばれ、高額塾に参加しても実践せず（継続せず）、気になった他の塾への参加を繰り返す1人だった。さすがの彼女も、借金が100万円に達した時点で危機意識を持った模様。僕のビジネスコミュニティをラストチャンスと位置付け、参加。

## ●「今のコミュニティ講師生活から抜け出したい」

あるビジネスコミュニティで成果を出したTさん。彼はとても優秀だったので、当時所属していたそのコミュニティの主催者から「講師」を依頼される。最初は恩返しのつもりで始めたが、フィー（報酬）の問題などの決め事をせずに始めてしまったので、気づいたら指導を全部Tさんが行っている状態に。それでも、恩師から離れて自立する勇気がなく、ずるずるとその状態が続く。このままじゃ一生奴隷だ！と思い、自由になるべく、僕から新しいビジネスを学ぶことに。

これらの「継続の理由」を聞いてどう思われましたか？　正直、「え？そんな理由？」「カッコ悪いな～」と感じた方もいらっしゃると思います。実際にこの事例を継続セミナーでご紹介させていただくと、少し笑いが起きることもあります。

ですが、これらの声こそが「本音」であり、つらくても続けられる「継続」の源です。

やはり「社会的に」とか「世の中的に」といった崇高な理由よりも、単純に

「稼ぎたい」

「モテたい」

「もっと楽したい」

「見返したい。プライドを取り戻したい」

「自由になりたい」


といった、人間誰しもが持つ本来の欲望にしっかりと向き合っている人が強いです。

そういう**ある意味人間臭い、本能に忠実な人だけが実際に夢を叶えている。**

成功者は全員「本能」に忠実に向き合い、その夢実現に向けて今日も継続しているのです。

# 03 「モチベーション３．０＝現代の理想形」という幻想をやめる

２０１０年、作家のダニエル・ピンク氏が、モチベーション３．０という考えを提唱しました。彼は、アメリカの副大統領であったアル・ゴア氏の首席スピーチライターを務めたほか、世界的に有名なスピーチフォーラムであるＴＥＤに登壇したこともあります。

２００１年から始まったWikipediaの成長もあり、**現代社会は自己的な利益よりも、社会的貢献・組織のために人は動く（動機づけされる）という考え**です。

ちなみに、モチベーション３．０の他に１．０・２．０も存在しますので、そちらもあわせて軽くご説明させてください（※『モチベーション３．０』（講談社、２０１０年）から一部抜粋）。

コンピューター同様、社会にも人を動かすための基本ソフト（ＯＳ）がある。

**●モチベーション1.0**

〈モチベーション1.0〉は、生存を目的とする人類最初のOS。

人間が持つ最も原始的なやる気のこと。「生きるため、社会や組織を継続させるために頑張ろう」という動機づけのことを指す。たとえば、「お腹が空いたからご飯を探しに行こう」というものや「子孫を残すために子供を作ろう」というやる気がこれに当たる。

有名なマズローの五段階欲求のピラミッドで言うと一番底辺の部分になります。

**●モチベーション2.0**

〈モチベーション2.0〉は、アメとムチ＝信賞必罰に基づく、与えられた動機づけによるOS。

「外発的動機づけ」という名前で呼ばれていて、「外からの刺激によって対象者を頑張らせる動機づけ」となる。たとえば、「高いインセンティブがあるから頑張ろう」というものや「社長に命令されたから頑張ろう」というやる気がこれに当たる。

同じくマズローの五段階欲求で言うと、厳密に言うと正確ではないのですが、ピラミッドの底辺から少し脱却して第2段階・第3段階のステージに相当していきます。

そして、今、最も「動機づけとして理想」と言われるのが、〈モチベーション3.0〉。

## ●モチベーション3.0

自分の内面から湧き出る「やる気《ドライブ》!」に基づくOS。

変化の激しいこれからの時代を生き抜くため、柔軟で強い組織を作り上げるために必要なモチベーションのこと。モチベーション2.0の「外発的動機づけ」に対して「内発的動機づけ」と呼ばれている。たとえば「楽しいから頑張る」「世界の平和を守るために頑張る」「実力をつけたいから頑張る」といったモチベーションがこれに当たる。

こうやって、1．0→2．0→3．0と説明していくと、人間の成長のステップのような気がして、人はモチベーション3．0を持って行動すべきだと、だらしない僕ですら思ってしまいます。

ですが、正直に言ってこの考えは、自分自身に満足していない僕らにとっては、まだ先の話です。

モチベーション3．0と同じく名著『7つの習慣』（キングベアー出版、2013年）でも似たようなことを伝えていますが、忘れてはいけないのは、著者スティーブン・R・コヴィー氏は大前提として、「経済的に自立をすること」、そこから本当の人生が始まると謳っているところです。

**個人として自立していないと、自分のことで精一杯で周りが見えなくなる。そこで無理して周囲の人たちに影響を及ぼそうとしても、いい結果は生まれない。**

「楽しいから頑張る」「世界の平和を守るために頑張る」「実力をつけたいから頑張る」。そんな気持ちが自分の心の中に少しでもあれば、すでにあなたは行動しているはず。

ですが、多くの方は

「好きなことをビジネスにと言われても、そもそも好きなことがわからない」
「税金が上がる一方だけど、自分の力ではどうしようもない」
「なんの実力をつけていいかわからない」

という、ある意味、とても現実的な考えの方が大半です。

**「組織のため」「社会のため」そんなことはもっと余裕ができてから考えればいい。もっと言うと、余裕がある人に任せておけばいい。**

僕らには、報酬と罰則で十分。頑張って継続すれば何かが得られ、継続できなければ現状維持でまた変わらない日常に戻る。

序章の締めとして強くお伝えしたいことは、**まずは他人のことよりも自分のこと。自分が幸せにならなければ、他人を幸せにできるはずなんてない**、ということです。

「建前」をやめて「本音」で向き合う。そして、「本能・欲望」から逃げない。自分が得たい未来のためだけに「継続」を。

今回もまたここで、僕のビジネス仲間の事例をご紹介。

頑張り屋さんの主婦Yさんの話を。

Yさんは当時、家事・子育てをしながら、在宅でインターネットを使った物販ビジネスをされていました。物販ビジネスの売上拡大や他のビジネスの模索のため、僕のコミュニティに参加してくれましたが、最初から本当に元気で、チームのムードメーカー的な存在でした。

そんな彼女はある日、「三浦さん、来月の12月には絶対に月収100万円を突破してみせます！　そして、その稼いだお金で家族と素敵なホテルに食事に行ってきます！」と宣言してくれました。

12月はクリスマス商戦の時期でもあり、物販ビジネスとしては稼ぎどきです。

結果、彼女の頑張りは素晴らしく、目標の数字を達成することができました。

その後お会いしたときに、

「Yちゃんおめでとう！　もう家族でレストラン行った？」と聞いたところ、

「三浦さん、実は……家族との外食はもう少し後にしようか……と」

「ん？どういうこと？？」

「実は、ずっと欲しかった美顔器を買ったんです！」

……驚きましたが、ついつい一緒になって大笑いしてしまいました。

・建前＝家族のために素敵なレストランで食事
・本音＝美顔器が欲しい

はたして、彼女の継続の力はどちらだったのでしょうか？僕には一目瞭然ですが、あえて問い詰める必要なんてありません。結果、彼女の家庭には、また幸せな笑いがもたらされたわけですから。

僕の知人に、「幸せはシャンパンタワー」という表現をするカッコつけの男がいます。ですが、僕も彼の幸せシャンパンタワー理論はかなり好きです。

1段目のグラスにシャンパンが一杯になって、そこから溢れ出たシャンパンが2段目、3段目と流れていく。

幸せも一緒。**まずは自分（＝1段目）が幸せになること。そうなれば近しい人・家族や仲間（2段目・3段目……）へと、徐々に幸せは伝染していく。**

モチベーション3．0の考えは素晴らしいです。

ですが、**まずは自分の本能・欲望に忠実になって、そこから社会や他人のことに目を向けても、遅くはない**と考えます。

COLUMN

## 強制継続・自主継続の話
自主継続こそが他者を凌駕し、幸福になるための道標

僕は基本的には、継続は誰もができることだと考えます。

というのも、会社をズル休みする人はなかなかいません。どんなに行きたくなくても、大嫌いなクライアントとのアポがあっても、多くの人が電車に揺られて出社できます。旦那が全然家事をしてくれなくても、毎日家事・育児に逃げずに励んでいる主婦の方がほとんどです。

つまり、人は「半強制的な環境」にいたら誰でも継続なんて余裕でできるんです。僕はこれを「強制継続」と勝手に名づけています。

強制継続の事例をもう少し挙げてみましょう。

なかなかダイエットが続かない人も、医者から「このまま痩せないと半年後に大変な病気になる可能性が高いです」とか、どれだけ英語学習が嫌でも、「三浦、来月からシンガ

ポール支社勤務で」なんて言われたら、それこそ本気でダイエット・英語学習に向き合うでしょう。

誰もが自然と「継続」できている。

ですが、これが「副業」や、海外勤務が決まっていないときの「英語学習」、別に健康的に問題がないときの「ダイエット」になると、一気に継続率が下がっていきます。

理由は明快で、「継続しなくても誰にも迷惑をかけないし、誰からも怒られることがないから」。

この誰にも迷惑をかけないし、誰からも怒られない継続を、僕はこれまた勝手に「自主継続」と名づけました。

そして、あるとき気づきます。

「強制継続ではなく、自主継続ができている人が、他人よりも成果を出し、幸福になっている」。

・学校や塾の宿題以外でも30分自主学習できる生徒
・練習後にウエイトトレーニングを自主的にやれる選手
・週に2回の英会話スクールでの座学のみならず、毎日家でも予習＋復習
・忙しい家事＋育児の中、なんとか1日1時間捻出して在宅ビジネス
・本業が忙しくても、毎日副業・異業種交流会での人脈作り・資格取得

それぞれ「本業＝サラリーマン・学生・主婦としてやるべきこと」をやりながら、＋α自主継続できた人を、僕らはいつの間にか尊敬の眼差しで見ることになります。

会社や親、学校からの強制ではなく、自分で考え、選択し、そして、行動して継続すること。

この、1日たったの10分・30分・1時間の「自主継続」の威力、効果はきっとあなたの想像を遥かに超えていくでしょう。

その世界を味わってほしいと思います。自主継続の素晴らしさをぜひ。

chapter

1

# モチベーションに頼らないための「やめる」

# 04 モチベーションに頼るのをやめる

この章では、必ずと言っていいほど継続とセットで使われる「モチベーション」について、さまざまな切り口で否定していこうと思います。

「否定」と書いたのは、その通り。**僕はこの「モチベーション」という言葉が大嫌い**なのです。

そもそもモチベーション・やる気がずっと続けば、誰だって継続はできるはず。しかし、残念ながらそんなことは絶対にない。それは誰しもが経験されたことでしょう。

この「モチベーション」なるものは、とても気まぐれでわがままな奴で、最終的には継続を望む僕らには「敵」として現れます。

だから、最初にお伝えします。**「モチベーションなんかに頼らないこと」**。

長く継続していくうえで、どうしてもやる気が出ない、やりたくない、明日に回したい、ということは絶対に出てきます。

そのときに、いかに自分の中で工夫して「継続」できるか？

**多くの成功者は、モチベーションなんかではなく、「続けられるルール・仕組み」、もっと言うと、コツやツボを理解しているから継続できる**のです。

いくら成功者だって、やる気が全く出ない朝はありますから。

確かに、モチベーションが高いときに人が発揮するエネルギーには、素晴らしいものがあります。ですが、僕はこの「モチベーション」に頼るのをやめたことで、継続力が格段に上がりました。

僕が「モチベーションを頼らなくなった2つの理由」、その1つ目は**「モチベーションは長く続かない」**、**もっと言うと「一瞬でなくなるもの」だと知った**から。

三浦家では、感染症発生の前は1年に1回、家族でハワイ旅行に行っていました。

ご存じハワイと言えば、日本人の行きたい国NO・1の観光名所。いざ行ってみると、日本人の多さに驚くうえに、多くのお店で日本語対応がされていて、英語が喋れなくてもそれなりに楽しめるのも、人気の理由の1つだと考えます。

とは言え、です。やはりそこは海外、アメリカ。英語が喋れた方がいいに決まっている。ホノルルのど真ん中だけで満喫していればいいのですが、ちょっと離れたスポットに行くと、英語が喋れないことで不便な経験をされた方も多いでしょう。

僕もその1人で、その都度、こう思っていました。

「帰ったら今度こそ英語を勉強しよう」
「次に来たときは、もっと楽しみたい」

サラリーマン時代の海外出張時にも同じことを思っていました。もちろん、ビジネスで行っているので、当然通訳の方がいらっしゃいます。それでもやはり自身で話せた方が、仕事が円滑に進むだけでなく、何よりも最高の体験ができる。

「もっと英語を勉強しなきゃ！」

現地で、英語教材をAmazonで買った経験すらあります。


つまり、そんなときは、「モチベーションMAX状態」と言っていいでしょう。

ですが、毎回僕はそのモチベーションを成田空港に置いてくるみたいです。

家に着いて、また日常が始まったら、「英語？　あっ、それねー。明日から！」。

……どれだけだらしない人間なんだか。


英語学習以外にも、同じような事例はたくさんあります。

たとえば、引っ越しした後の部屋のコーディネート。

「最高に素敵な部屋にしてやる！」と思うのも1週間くらい。気づいたら、カーテンのない生活で1ヶ月が過ぎた。

たとえば、友達からみんなで撮影した写真をもらったとき。

「うわ！顔、まる！！痩せなきゃ！！！」気づいたら、カツカレー＋ラーメン。

その他、例を挙げたらキリがないほど、「モチベーション」が上がる状況はいくつも出てきますが、同時に一瞬でなくなっていった経験をされた方も多いはず。

こういった経験を積み重ねたことで、**人のモチベーションなんてそんなもの。それよりも、なぜ継続したいのか？ どうしたいのか？ もっと本能と欲望に向き合わないと、継続なんて無理**だということがわかりました。

僕が「モチベーションを頼らなくなった2つの理由」、2つ目は、**「モチベーションには上限がある」**から。

1つ目に比べて抽象的になりますが、僕にとってモチベーションとは、お風呂の水がいっぱいに入っている状態＝モチベーションＭＡＸから、徐々に排水溝から出ていく状態でイメージしています。

つまり、どんどんなくなっていくもの。そして、時間の経過とともにまた増量されていくものこそが、モチベーションだと考えます。

そのスピードは人によって、またテーマによって、それぞれ違いが存在します。しかし、間違いなく言えるのは、**「お水がいっぱいの状態＝モチベーションMAXの状態は続かない」**ということです。

だから定期的に補給していかなくてはいけないし、ここで大事なのは「お風呂の水を空の状態（0）」にしないことです。

**何も考えずに上限が決まっているモチベーションを使い切ると、そこからの復活がとても大変になります。**

クルマのガソリンもスタート時に一番燃費がかかるのと同じで、少しでもモチベーションが残っていれば復活は可能ですが、「0」になってしまうと再起は苦しくなります。

その「0」になることを、多くの方は平気でやってしまっているのです。

スタートダッシュや、「年始の宣言」がこれに当たります。

# 05 「やり過ぎ」をやめる

モチベーションは使い切ると復活が厳しいため、**「やり過ぎ」は禁物**です。

継続・習慣系の類書によっては「やれるときにやっておく」という主張も見られますが、僕は大反対です。

僕は、**継続するうえで大事なのは、「モチベーションUP」以上に、「やる気の根を絶やさないこと」**だと考えます。

やる気は10％でもあれば人は継続できます。

だから、**続かない一番の理由は、やる気が出ないこと以上に、やる気があるときに必要以上にやり過ぎて疲弊してしまうから、**とも言えます。

具体的な例として、途中まではいい感じで継続されていたものの、あるとき「やり過ぎ」が原因で挫折してしまった方をご紹介させてください。

その方は「毎日1記事ブログを継続して書く」ということを目標に活動されていました。日記すら書いたことのない人でしたから、1日1記事はなかなか大変です。僕も最初の頃、1記事に5時間くらいかかっていた時期もありますので、気持ちは痛いほどわかります。ですが、彼はなんとか頑張って1ヶ月続けることに成功しました。同時に、1記事書くのに慣れたのでしょう。

「今日はなんだか気分が乗っているから、2記事、3記事いけそうだぜ！」

そんな気持ちになり、自分の設定したノルマ以上の作業をする日が出てきました。

嫌な予感が当たった瞬間でもあります。

そんなやる気のある日ばかりが続くわけがない。そう思っていたところ、案の定、彼からの報告は途絶えました。

なんとか連絡を取って、2記事、3記事書いた後の彼の行動を聞き出せました。

彼によると、早速次の日、前日とは正反対で全くやる気が出なかったそうです。そしてこう思ったそうです。「昨日いつも以上に多く書いたから、今日はいいだろう」。

また、違う日には、前回みたいなストックもないのに、

「またやる気がある日にまとめて3記事書けばいいや。今日は休みで」。

「平日は忙しいから、休日まとめてやろう」。

せっかく1日1記事のペースをつかんできていたのに、ただ単純に「やる気がある日にやり過ぎた」ということで、継続は終わってしまいました。

こうした例は他にもたくさんあります。

・YouTube 1日1動画UPがノルマなのに、気分が乗り過ぎて1日3本上げた

・腹筋毎日50回のノルマを、モチベーションがある日に100回やった

・毎朝のラジオ英会話講座を、CDを買って週末にまとめて一気に聴取（NHKの英語関連の講座は、放送とは別にまとめて収録したCDが販売されている）

気持ちはわかります。早くゴールに到着したい。やれるときにやっておきたい。

ただ、寝溜めには効果がないことや、２日分の歯磨きを一気にできないのと同じで、**長く継続するには「毎日定められたノルマ」の実践が大切**です。

その毎日定められたノルマが「できない」ことばかりにFOCUSが当たりがちですが、実はその「ノルマ以上にやり過ぎた落とし穴」も存在することを忘れないでください。

しかし、「今日はいつも以上にやる気がある！」というわけではないのに、「なんとなく１日のノルマが物足りない」、そう思う日が必ず出てきます。

**モチベーションがいつも以上にあるわけでもない、というところがポイントです。**

そんなときは、「やり過ぎもよくないんだよな～」と捉えずに、「最高のチャンスが来た！」と思ってください。その瞬間こそが、あなたが「成長している瞬間」です。

１日のノルマに慣れてきた。別にモチベーションがいつも以上にあるわけでもないけれど、物足りない……そういった方はぜひ、次の項の「やめる」にチャレンジしてみてください。

# 06 最初の目標設定への固執をやめる

1日のノルマに慣れてきたり、成長したりした場合、どんどん「目標設定値」を上げていきましょう。

最初、スクワット50回がつらくても、続けたら当然筋肉はついてくるので、気づいたら50回なんて楽勝になってきます。

ブログで言うと、最初は記事中に画像を差し込むのに30分かかっていたものが、今では1分で。動画編集も20分の動画の編集に5時間かかっていたのが、今では2時間で。

そうです。単純に、それまで**継続してきたことで「成長」している**んです。

そう感じたら、目標設定値を上げるチャンス。あなたの目指すゴールが近づきます。

・スクワット50回→60回または10ｋｇのダンベルを持ちながら50回
・ブログ1記事→2記事
・動画1本→2本

ただし、**ここで注意すべきことは、先ほどの項で触れた「やり過ぎからくる弊害」を必ず頭に入れておくこと。**

「いつもは50回のところ、昨日60回やったから今日は40回でいいや」
「昨日2記事書いたから、今日はお休みで」
「今日はめんどくさいから、週末2動画で。今の俺なら1日で2動画いけるぜ！」

こういった、やり溜め的な思考では、継続が終わることはご説明の通り。
だから目標設定値を上げた場合の基本スタンスは、「絶対に目標設定値を下げないでKEEP」です。

60回と決めたら60回。2記事と決めたら2記事。2動画と決めたら2動画。

もし仮に、その上げた目標設定値が厳しかったら、前の目標設定値に戻してください。

・50回→60回→50回
・1記事→2記事→1記事
・1動画→2動画→1動画

言いたいことは、**「0」に戻ることは絶対にしないでほしい**、ということです。モチベーションと同じで、「0」になると再継続は本当に難しい。

僕自身、メルマガでもYouTubeでもこの繰り返しです。自分自身成長していると勘違いして、ノルマを上げるもすぐに、

「つらっ！　1日2通のメルマガってこんなにつらいの？」

1日1メルマガに舞い戻ります。

ですが、書かない日はないようにしているので、こうやって10年続けられているんだと思います。

# 07 「気合いの入れ過ぎ」をやめる

繰り返しになりますが、僕は、**継続するうえで最も大事なのは、「モチベーションUP以上に、「やる気の根を絶やさないこと」**だと考えます。やる気を出す！テンションを上げる！といった、気合い系ではありません。

これは僕の経験則からの意見ですが、継続に成功した人たちには、

・淡々
・肩肘張らない
・マイペース
・クール
・ロボット的

そんなちょっと「冷たい」イメージに加え、

・心配性な人
・自分に自信がない人

が、多いです。

やはり、やれるときにやる・スタートダッシュ・モチベーションといった、多くの人が継続において重視していそうなものは、ことごとく足を引っ張る要素でしかありません。

僕が所属していた体育会系のテンションで継続を成功させた人は、見たことがありません。

そういった気合いは、「単発」「短期」の視点では効力を発揮しますが、**皆さんが望む理想の未来は、短期継続で得られるものではない**と思います。少なくとも1ヶ月は続けなければならない。

**そのために必要な要素が先ほど挙げたような、ちょっと冷めた視点**だと考えます。

ここでまた、僕が継続ノウハウをお伝えするときによく使う実験結果を２つほど。

１つ目は、心理学者のガブリエル・エッティンゲンが行ったダイエットに関する実験です。

あるダイエットプログラムの参加者に「このダイエットに成功すると思うか？」と聞いたところ、「成功できる」と答えた人は「わからない」と答えた人よりも13ｋｇ減量。

この結果は想定内です。僕が注目したのはこちらの実験です。

ダイエット実験は続きます。成功した方に次の質問をしました。

「食べ物の誘惑に打ち勝つのは大変だと思うか？」

「ドーナツや食べ放題に打ち勝てると思うか？」

結果、「簡単に食べ物の誘惑に打ち勝てる」と答えた人は「そう簡単にはいかない」と答えた人に比べて13ｋｇ重いままだったそうです。

つまり、**「そんなの簡単にできるぜ！」**と思う人より、**「難しいけど頑張ってみるか」くらいの気持ちの持ちようの人の方が、数倍成果は出やすい**という証明でもあります。

もう1つの実験は、ダイエットと同じくらいつらい禁煙での実験です。

被験者は既に禁煙に3週間成功した人たちです。

成功した後に、先ほどと同じようにすぐに、この2つの質問をしてみました。

「引き続き禁煙を継続できる自信があるか？」

「今後なるべく、たばこの誘惑のある状況を避けようと思うか？」

数ヶ月後の追跡調査では、後者に「はい」と答えた人の方が、より禁煙を続けられていたという結果が出たそうです。

ダイエットしかり、禁煙しかり、共通して言えるのは、ある意味**「自信がない」くらいで継続に向き合うのがちょうどいい**ということです。

僕自身の3年間のYouTube継続なんて、まさにその典型的なケーススタディです。
ただでさえ、サッカー・野球・バスケに比べて人気がないラグビー。人気がないということは情報収集が大変。挙げ句の果てに一番の稼ぎどきに例の感染症が発生して、世界中で試合が中止。いつ終わってもおかしくない状態でした。

あのときに、「なんとか気合いで！」という気持ちだったら、間違いなく動画のクオリティの低さに嫌気がさし、きっとやめていたことでしょう。

ですが、僕はそんなときにも「正月に宣言した人の92％が挫折」「やめても誰からも怒られないし、死ぬことはない」と、それこそ無の境地に入っておりました。

どう考えても、**少し肩の力を抜いて気楽に向き合った方が、継続成功率は格段に上がります。**

# 08 高い目標設定をやめる

「スモールステップ」という言葉、一度は聞いたことがあると思います。継続するうえでとても大事な考え方なので、僕も触れたいと思います。

ですが、僕がこのスモールステップを大事にしている一番の理由は、他の類似ノウハウとは少し異なるので、そこもお付き合いください。

「スモールステップ」とは、もともとは教育現場で使われていた用語ですが、今ではビジネスやスポーツなど、幅広いジャンルに広まっている考え方です。

具体的には、「最初から高い目標設定をすると、人は圧倒されて行動ができないので、その**最終目標にたどり着くまでに目標をいくつかに細分化し、小さな目標の達成を積み重ねながら、徐々に最終ゴールに近づく手法のこと**」を言います。

いろんな例がありますが、ビジネス書を毎日読むということを習慣化させたい場合、最初のスモールステップは、「毎日ビジネス書を手に持つことから始める」などです。

毎日のランニングを最終目標にするのならば、最初はウォーキングから、ウォーキングすら厳しかったら、毎日着替えて外に出る、あるいは靴を履く、から。

実際、僕は英語学習のときに、単に英語を聞き流すだけ、というのを最初のスモールステップに設定しました（字幕付きの映画を見るのでもＯＫ）。

炭水化物ダイエットにもチャレンジして成功したことがありますが、最初からいきなりご飯を食べないのは無理だと思い、「大盛り」をやめることから始めました。また、ラーメンも味付けたまごのオプションをやめる、カレーもカツカレーをやめるところから。

最初から、1日1時間ビジネス書を読む、いきなり10ｋｍランニング、なんて超人以外無理ですし、もっと言えば無理してやることによって、これまたすぐにモチベーションが枯れます。

なので、**最初は小さな成功体験を積み上げるという、このスモールステップの考え方は、継続とすごく相性がいい**と考えます。

そして、僕自身この「スモールステップ」を一番お勧めする理由は別にあって、それは、**「再チャレンジしやすい」**ということです。

これまでいろんな成功事例を見てきましたが、実は多いのは、「2回目・3回目のチャレンジで成功する」という事例です。

つまり、ダイエットをやろう！と思ってチャレンジするも、継続に失敗。そこで一度は諦めたものの、少し時間が経って「もう1回チャレンジしてみよう」と思い、その繰り返しで2回目・3回目で目標を達成される方が意外に多いのです。

その2回目・3回目のチャレンジでの成功者の共通点が、「スモールステップ」にありました。

**一度、スモールステップをしっかり設定して実行した方は、仮に継続が続かなくてもま**

**た戻ってきやすい**のです。

毎日のランニングを最終目標にして、「着替えて外に出るまで」から始めて、なんとかランニングまでたどり着いた人が途中で止めることも多々あります。

その方が、再度チャレンジするときはまた、「着替えて外に出るまで」から始めれば良いのです。

スモールステップは、継続ととても相性がいいですし、何よりも「再チャレンジに最適な考え方」です。

# 09 「あれもこれも」をやめる

僕が社会人になった1999年に比べて今は、飲酒や喫煙者に厳しい時代がやってきました。特にたばこに関しては、僕が吸い始めた当時から3倍の金額になっており、本当は吸いたいけれども経済的な理由で禁煙にチャレンジする人も多くいらっしゃいます。

ここで、少しだけ「継続」と「習慣」の違いに触れさせてください。

世の書店には「習慣をテーマにした本」の方が「継続をテーマにした本」より圧倒的に多く出回っております。僕としては謎なんですけど……。

なぜならば、**「継続」の先に「習慣」がある**からです。なのでいきなり習慣化しよう！というのは少し無理があるのです。

習慣でわかりやすいのは、毎日の歯磨きやお風呂でしょう。つまり、**ほぼ「無意識」にやれるところまで行くのが習慣**です。

逆に**継続は、「勉強しなきゃ」「今日まだスクワットやってない」と、意識してやっと行動できるステージ**であり、これを乗り越えると自然と、机に向かって今日も勉強している自分や、テレビを見ながらでもスクワットしている自分になれます。

僕のメルマガやYouTubeは習慣のレベルにやっときました。習慣のレベルにくると、歯磨きやお風呂と同じで「やらないと気持ち悪くなる」という感情が芽生えます。

継続が習慣に変わるまでの期間は、チャレンジするジャンルによって変わってきます。

ジャンルは大きくこの3つに区別されます。

① 行動習慣
② 身体習慣
③ 思考習慣

それぞれご説明させていただきます。

①の**行動習慣は「勉強・日記・片付け・節約・家計簿」**といったもので、単純にやるかやらないか？の行動だけのものです。

僕のメルマガやYouTube・英語学習はこれに当たります。

この**行動習慣になるには目安として、1ヶ月の継続が必要**と言われています。

続いて、②の**身体習慣は「ダイエット・運動・早起き・禁煙・筋トレ」**といった、ただ行動すれば良いものではなく、行動することによって肉体に何かしらの負荷がかかるものです。

だからこの身体習慣は、①の行動習慣に比べて習慣化されるまでの継続期間が長く、**目安は3ヶ月**と言われています。

そして、③の**思考習慣は「論理的思考・発想力・ポジティブ思考・ストレス発散思考」**といったものです。

やはり思考・性格レベルになると、その人が生きてきた経験の積み重ねで身についたものなので、簡単には変えられません。なので、**継続期間＝半年で、やっと習慣化される**と言われています。

この3つの区別を見てどう思われましたか？

少なくとも、僕の周りでは③の思考習慣を変えたい人はほぼおらず、やはり①の行動習慣を変えたい人が圧倒的に多いです。

ビジネスで成功したい！という人が大半なので、わかりやすい結果ではありますが。

少し前にたばこが値上がりするタイミングで友人が、「決めた！これを機に、禁煙と禁酒する！」と宣言していましたが、当然今でも、普通にたばこを吸いながら、お酒を毎日楽しんでいます。

そりゃあそうです。一番習慣化に時間がかからない行動習慣ですら、継続できない人ばかりなのに、それよりもハードルが高い身体習慣を一気に2つなんて、普通の人には無理です。

せめて「禁煙だけでも」と思って継続していたら、今は違った結果になっていたかもしれませんが。

また、こんな例も。比較的とっつきやすい行動習慣の1つである英語学習。ある方を指導させてもらったときに、最初にこんな目標シートが上がってきました。

**【これから半年間継続すること】**

・電車の中でリスニング
・週2回の英会話スクール
・隙間時間単語帳
・寝る前1時間英文法
・土日5時間 TOEIC 公式問題集

僕はそのシートを見てすぐに連絡しました。

「絶対に無理だよ。続かないよ。どれか1つに絞ったら？ そして、余裕が出てきたら他のものを加えていこうよ」。

結局、まずは「寝る前1時間英文法」からスタートしました。そして、少し前に目標のTOEIC 800点を突破した模様。おめでとう！

今の僕は、メルマガ＋YouTubeを毎日更新していますが、最初はメルマガ「だけ」で7年間継続できました。

その7年目にふとしたキッカケで、YouTubeをやることになったのですが、もしあれがメルマガ開始の1年目・2年目だったら、2つとも挫折していたと思います。

メルマガ1つだけでも十分でしたが、「慣れてきた」「習慣化できた」からYouTubeへもすんなりと移行できて、＋ONできました。

今はまだまだ途中ですが、なんとかこのメルマガ＋YouTubeにTwitterやInstagramも入れたいところです。

**最初はあれもこれもはNG。1つに絞りましょう。**

1つ継続ができれば、自然と2つ目・3つ目は派生していきます。

# 10 「そんなの本末転倒だ」をやめる

なんだか変なタイトルですが、これまたよくある事例ですのでご説明させてください。
この項で強く主張したいことは、次の2つです。

**・継続していくうちに目標が変わることがある。それでも何ら問題はない**
**・一番大事なのは、建前じゃなく今、自分は「何を目標にしているときに頑張れるか？」の現在地を知ること**

僕が継続を語るうえで、「自分の現在地を知ろう」というのは最も使う言葉の1つです。

・今、自分はこの程度で、最終的にはここにいきたい　↓　本能・欲望

・いきなりは無理だから、小さな目標設定を　↓　スモールステップ

もともと英語を喋れるようになりたい、英語コンプレックスをなくしたい！　と思った僕は、あらゆる英語ジャンルにチャレンジしました。


まずは、某英会話スクールに入塾。挫折。

それでも諦めきれなかったものの、大金を払ったばかりだったので、あまりお金がかからなさそうなラジオ英会話に挑戦。早起きができず挫折。

そのあとは地獄のネットサーフィンでの情報収集時代。

多読・音読・シャドウイング・字幕英語の映画鑑賞（調べたらSEX AND THE CITY、ローマの休日がいいらしいなど）。

もう自分でも何がしたいんだか良くわからない状態に陥りました。


その迷走時に、ふと「TOEIC」の存在が気になり出します。

あまり世界的には普及していないTOEICだけど、９９０点満点のうち８００点以上の

スコアがあると、日本では就職や転職時に有利と知ります。

僕自身、当時英語を攻略したかった一番の目的は、英会話というよりは「キャリアアップ」だったので、TOEIC 学習はアリだな……と。

また、普通の英語学習と違って、TOEIC は点数が出るので、それこそ今の「現在地」を知るには最高の指標だなと。


そういった、僕が継続したくなるようなすべての条件が TOEIC には備わっていたので、そこからは一切浮気せず「TOEIC 1本」に英語学習を絞ります。

その結果、1年半後にはなんと835点というスコアを叩き出します。社会人になって最初に受けたときは260点で、入社した同期の中で下から2番目だった僕が、です。


なんだよ、自慢かよ？と思われるかもしれませんが、同時にこんな状態にも。

「あれ？英語喋れなくね？」……

そうなんです。TOEIC のテストは慣れや攻略法をマニアックに研究したので、ぐんぐんスコアが上がっていきましたが、肝心の「英会話」のレベルが上がっていないことに驚きました。

「はーー、この1年半の努力って……」。

しかし、ある転職斡旋者の方にこの話をしたところ、

「はは！ 三浦さんも、ペーパードライバーのTOEICバージョンね。でも、大丈夫。履歴書にはちゃんとスコアを書いていいから。**そして835点取れたということは、環境が与えられたら自然と喋れるようになるよ**」。

ペーパードライバーとは、免許は取得したものの運転しない期間が長くて、いざ運転しようとしたら上手くできない人のことです。

ですが、それも「一瞬」です。すぐに慣れます。**何よりもしっかりと「運転する資格をとった経験」は消えない**ですから。

今の日本では、外資系の会社で働く以外、なかなか英語を話す機会がありません。話せた人も、ずっと日本語だけだと、すぐに英語を忘れるそうです。

ですが、また話す環境にいけばすぐに元通りに戻る。

だから**僕の1年半の努力は無駄ではなかった**ということを、その転職斡旋者は言いたかったんだと思います。

結果として僕は、英語の仕事というより、その英語学習を1年半継続したことが、今の仕事に活きていますが。


僕が最初から「英会話」に絞っていたら、絶対に途中で挫折していたと思いますので、やはり人それぞれ向き不向きはあります。


ダイエットにチャレンジして、ジムに通っている方のあるあるも。

僕の知人に、「痩せてカッコよくなって、モテたい」という誰もが持っている欲望剥き出しで、今流行りのジムに通い出した人がいました。

その効果はみるみる出て、会うたびに痩せて……いや、ん? なんだかゴツくなっていきました。

そうなんです。彼は最初は「痩せてモテる」ことが目的だったけれど、途中から完全に

「現在地からのゴール地点」が変更され、ベンチプレス100kgを上げることに挑戦の方向が変わっていました。

僕の英語学習、この人のダイエット。これを真面目な方は「本末転倒じゃん。しっかりと本来の目的を」と言うかもしれません。

ですが、残念ながら僕は「英語を喋りたい」では継続できなかったでしょうし、彼の場合は「痩せたあとに新しい目標ができ、さらなる継続ができた」という事実があります。

**最初に掲げた目標に向かって継続していくと、いろんな変化が起きます。**

そこには、日々成長している自分を知ることができる嬉しさがあります。そして、成長したからこそ「新しい目標」が見えてくる場合が多々あります。

今は少なくなったようですが、2008年のリーマンショックの辺りまで、多くの有名上場企業では毎年2~3名程度、海外MBA留学制度を導入していました。

選ばれしメンバーは会社から2年間の留学にかかる費用を負担してもらえます。だいたい2，000万円程度が相場。

会社はそんな大きな金額をその社員に投資するので、しっかりと会社に還元してもらいたい。なので、帰国後3～5年間は会社を辞めてはいけないというルールを設けています。もし、仮に辞めた場合は、2，000万円を全額返金しなければなりません。


それを聞いた僕は、「辞めたくても5年間我慢する人の方が多いはず」と思っていましたが、実際は逆でした。多くの方は会社に返金して、新しいチャレンジをするそうです。

一番の理由は、**海外留学という非日常での体験で価値観が変わり、「新しい目標」ができるから**だそうです。


**継続・成長と共に現在地は変わっていきます。**

**その自分の最新の現在地を知ることが、次への新しい継続に繋がります。**

「そんなの本末転倒じゃん」は、継続を大事にしている僕としては、最高の褒め言葉だと考えます。

# 11 完璧主義をやめる

継続できない一番の理由、特に「日本人は」の話を。

継続をテーマに何度かいろんなところで話す機会をいただきましたが、この項の内容で大きく頷く人、「わかるわかる」という表情をされる方が多く見られます。

実は、本書を執筆する機会をいただいた、編集者さんとの最初のzoom打ち合わせでも、「私もこれです……」との言葉をいただきました。

しかし、これはメルマガ10年間、YouTube 3年間、ほぼ毎日更新し続けた僕だから言えることですので、信じてください。

**「人は中身＝コンテンツ＝クオリティよりも、『継続』を評価し、尊敬する」**。

だから、最初から中身にこだわって手が進まない状態をやめること。最初なんてクオリティは度外視すること。完璧主義をやめて、「継続だけ」にFOCUSを当てることです。

「完璧主義」が僕らの継続を妨げる要因は、次の2つの側面から考えることができます。

- **自分が描く理想の自分には程遠い自分を受け入れられない完璧主義**
- **こんな自分のレベルを他人にバカにされたくない完璧主義**

それぞれの説明と対応策をお伝えします。

まずは、「自分が描く理想の自分には程遠い自分を受け入れられない完璧主義」ですが、結論から言うと、**「継続は、中身=クオリティを超える」ということを知りましょう。**

「クオリティなんか二の次、まずは継続を」とお伝えしても、多くの方が僕のアドバイスを右から左に聞き流し、

「こんな記事、自分じゃない、恥ずかしい」

「この動画、もっと素敵に撮影するつもりだった」

という自己評価のもと、更新・ＵＰがおざなりになり、いつの間にか継続からフェードアウトしてしまいます。

僕は「継続の方がクオリティよりも大事だ」と何度言っても、なかなか納得してもらえないことに悩み続けました。

イチロー・ゴッホ・エジソン・アインシュタイン・ハリーポッターの作者Ｊ・Ｋ・ローリングの話をしても、みんな最後の偉業ばかりに目がいく。彼ら彼女らは、僕ら以上に挫折や失敗を繰り返し、それでも継続したからこそ偉業をなし得ているのに、です。

そんな中、最近は、この方を紹介すると「継続の方がクオリティよりも大事だ」ということを少しだけ理解してもらえるようになりました。サッカーの三浦知良さんです。

ご存じ、サッカー界のレジェンド。今年で56歳ながらも、現役バリバリのＪリーガーです。世界最高齢での得点記録も持っています。

僕は彼の日本代表時代からのファンで、確かに年齢からくるパフォーマンスの低下は、サッカー素人でもある僕でもわかります。

ですが、彼はサッカー選手の中で、誰よりも尊敬の眼差しで見られている。なぜか？

**「みんな、継続が苦手だから」**、**同時に、「長く続けられる人を尊敬するから」**です。

「継続」。これは、私たち人間に与えられた最強で平等の指標です。学歴・地位・肩書きなんて関係ありません。

はっきり言います。**特に継続最初の頃は、「やることだけ」にFOCUSしてください。**

中身・クオリティなんてどうでもいいです。そんなのは継続していけば、誰だって向上していきますから。


そして、もう1つ「こんな自分のレベルを他人にバカにされたくない完璧主義」。

これはもっと簡単で、**だったら他人に見せなければいい、**それだけです。

僕らの継続の邪魔をする多くは、その行為やパフォーマンスが「誰かの目に触れる」ときに起きます。

違う項でまたお話ししますが、ダイエットや英語学習は自分との戦いなのに、変に誰かに宣言したりするから、完璧主義の問題が出てきます。

SNSやブログ・YouTubeでの継続で、もし仮に「完璧主義」が問題で公開できないなら、「非公開」に設定して始めるのもお勧めします。

そして、やったからには削除はしないこと。

後々になって、公開したくなることがあれば、「昔は私でもこんなレベルだった」という話のネタにもできます。

この完璧主義というのは、特に日本人に多いそうです。確かにシカゴに短期留学していたとき、僕よりも英語を話せないのに、「私は英語を喋れる！」と平気で言っている海外の方の多さに驚きました。

Can you speak English? と聞かれて、NO,I can't. と答えている時点で、話せている証拠だったりします。

なかなか根深い問題なのはわかります。

ですが、これだけは繰り返しお伝えさせてください。

「継続は、中身＝クオリティを超える」のです。

## 12 完全勝利、全勝優勝を狙うのをやめる

完璧主義と近い思考ですが、クオリティの低さ以上に、失敗や挫折が怖くてチャレンジできない人も本当に多いです。

僕だって、失敗や挫折なんてできれば避けたいです。すべてが順風満帆にいってほしいと願いますが、間違いなくそんなことはあり得ません。

**失敗や挫折なくして10年・20年・30年生きられる人なんて存在しません。**

と、頭でわかってはいても、それは本業だけで十分という方もいらっしゃいます。

つまり、仕事で怒られたり失敗したりするのはしょうがない。

だけど、副業でお金を稼いだり、英語を上達させてキャリアアップを狙ったり、ダイ

エットを成功させて異性にモテるようになりたい……と、自ら願い挑戦することに関しては、なぜかたった1回の失敗や挫折で諦める人ばかりです。

**失敗や挫折なんて日常茶飯事だと思うような意識改革をぜひしてもらいたい！**ということで、いつもこの事例を紹介します。

1つは、誰もが知っているユニクロ柳井正さんの『一勝九敗』（新潮社、2003年）という書籍の存在。さすがに、1勝9敗は僕としてはつらいですが、あの柳井さんですらも失敗や挫折を繰り返しているという事実があります。

また、お笑い芸人コンビ平成ノブシコブシの徳井健太さんが、極楽とんぼの加藤浩次さんにも、この柳井さんの1勝9敗に近いエピソードがあるとテレビ番組で話していました。その内容とは、次のようなものです。

加藤浩次さんがあるラジオ番組をやめる直前に、こう言ったそうです。

「どうしても3勝7敗になっちまうんだよなぁ」と。

徳井さんがすぐに、「どういうことですか?」と聞いたところ、

「やっぱ、10勝0敗を目指したいだろ? どんなテレビに出ても、今日勝ったたって思いたいよな。でもさ、4勝6敗ぐらいがちょうどいいよ。全力で勝ちに行った4勝っていうのは、全勝より意味があんのよ」。

「だから俺は、4勝でいいなって思う。でも、芸歴30年になってもまだ、4勝6敗じゃなくて、3勝7敗になっちまうんだよなぁ」と。

僕がひねくれているのかもしれませんが、著名人の成功体験より、失敗談の方がエネルギーをもらえます。

「この人もこんなに大変だったんだ……」と。

継続ができない人の多くは、成功者の「いいところ」しか見ていません。逆に**継続に成功している人は、そういった失敗談をヒントに「なんだ。あの人だってこんなに失敗している。俺(私)の失敗なんて可愛いもん」と、いろんな人からエネルギーをもらっている**気がします。

失敗・挫折を繰り返して、大器晩成の成功を成し遂げた代表者はなんといっても、ケンタッキー・フライドチキン（以下ＫＦＣ）の創設者、カーネル・サンダースでしょう。

サンダースがＫＦＣを立ち上げたのは「65歳」のときです。まずその年齢に驚きますが、さらに驚くことに、なんとそのときの所持金は「０」円。

彼は30歳になるまで、とにかく１つの定職につけないフラフラ男だったそうです。


そんな彼の人生の転機になったのは、ガソリンスタンド経営を始めたとき。

彼は、ガソリンスタンドに来るお客様からよくこんな質問をいただいたそうです。

「近くに美味しいレストランはない？」

あまりレストランがない中でいくつか候補を挙げるも、お客様から
「不味いレストランばっかりだなこの辺りは」。

と、なぜかサンダースがクレームを言われる始末。そこで、サンダースはこう考えます。

「自分で作っちゃおう」。

そして、ガソリンスタンドの隣の空き地を利用して「サンダース・カフェ」OPEN。

サンダース40歳、初の飲食業スタートの瞬間でした。

もともと料理は得意な方だったというサンダースですが、飲食業をやるつもりはなかったそうです。後年にサンダースはこう語っています。

「当時はやりたいことがなかった。ただ、目の前のやることをすべてやる！という精神だけで働いていた。その結果、勝手に未来が切り拓かれた」。

その後も神様は彼に試練を与え続けます。しかし、彼はそのたびに不屈の精神で立ち向かいます。

(当時の彼の想い)

私に「引退」という言葉はいらない。たとえどんな困難が待っていようとも、私は諦めない。今までがそうであったように、これからも何回でも立ち上がる。命ある限り私は働き続ける。

65歳になっても試練は続き、すべてを失って彼が最初にやったこと。

それは、サンダース・カフェで人気だったチキンのレシピを、アメリカ中のレストランを駆けずり回って売り込むことでした。
1，009軒断られるもサンダースは諦めなかったそうです。
そこからも数々の困難を乗り越え、今のKFCに至ります。

失敗・挫折はできるだけしたくない。だけど、避けては通れない。
そういったときは、**成功者の失敗談が一番薬になる**と僕は考えます。

また、8の「高い目標設定をやめる」の項でもお伝えしましたが、一度継続にチャレンジして挫折し、その後、出戻りで僕と一緒に頑張って成功した人は多いです。

完全勝利なんて無理です。どんどん失敗していきましょう。

# 13 最高のタイミングを待つのをやめる

僕が副業・起業のアドバイスをさせていただく方には、サラリーマン＋副業の方が一番多いです。それは、僕自身に13年間のサラリーマン経験があるからでしょう。

一生懸命勉強して大学を卒業して、厳しい就職活動を突破して社会に出るも、イメージしていた世界と違う。給料も上がらない。なんとか一旗あげたい！と願う人が多いのです。

素晴らしいと思います。僕がサラリーマン時代には全くなかった思考です。時代がそうさせている感もありますが。

日々忙しい仕事をこなしながら、さらに新しいチャレンジをし、継続していく。そんな人を1人でも多く応援するのが僕の仕事です。

その活動の一環として、僕は定期的にさまざまな企画を提案します。たとえば「半年間で副業で稼げるようになろう」とか「SNS情報発信でビジネスを」などなど。
そういった提案をするたびに、一定数こういう方が現れます。

「すごく参加したいのですが、今はタイミングが悪いので、もう少し落ち着いてから参加させてください」
「子供が産まれたばかりで時間が取れず、参加したいのですが……もう少し落ち着いてから」

ただの断り文句なら別にいいのですが、「今はタイミングが悪い」ということを言い訳に新しいチャレンジ・継続を諦める人で、成果を出した人を、今まで見たことがありません。
やはり**成果を出す人は、「やろう」という自分の気持ちに従い、すぐに行動を起こせる人**です。

僕もサラリーマン時代に「このプロジェクトが終われば、少しは落ち着く」、そう思って過ごしていた時期もありましたが、そんな日は来ませんでした。

もしかしたら、落ち着く日が来るかもしれませんが、未来のことなんて誰にもわかりません。

何よりも「落ち着く」と思っていたら、もっと忙しくなって「あのときの方がまだ時間があった。あのとき参加していれば……」と後悔しても、どうしようもできません。

子育ても実際にやりましたが、産まれたばかりよりもっともっと厳しい時間は待っています。

大事なのは、**自分が欲しい未来を描くことができて、しっかりとそれに向かって継続しよう！と思えたら、**「今は忙しいから」とか「もっと落ち着いたら」「タイミングを待って」というように、**予測できない未来を理由にチャレンジを諦めてほしくない**ということです。

「最高のタイミングなんて待っててもこない。なぜならば、やろう！と思った今が最高のタイミングだから」。

chapter

2

# SNSとうまく付き合うための「やめる」

# 14 他人との比較をやめる

「人は人」「自分は自分」。わかってはいるけど、どうしても他人と比較してしまうのが人間の性。

「俺は他人の目なんて気にしないぜ!」と、息巻いてマイペースを謳っている人もたまに見かけますが、僕はそれは嘘だと思っています。

もしかしたら、ごくまれにそういう方もいらっしゃるかもしれませんが、資本主義・競争社会がベースの日本で生きていたら、どうしても他人との比較は避けて通れません。

僕自身の経験で言うと、人生の大半が他人との比較でした。

・中学受験では他人のスコアが気になる。成績順のクラス分けにいつもドキドキ

・中学から大学の間もずっと成績での比較
・体育会所属の自分は試合に出られるか出られないか？ 絶えず比較
・会社に入っても「同期入社の評価」との比較

今さら「他人との比較をやめよう」なんて言われても、数十年刷り込まれたその「競争」「比較」意識は簡単には取り除けません。

だから僕はまず「継続」するための前提条件の1つとして、**「どうしても人は他人と比較してしまう生き物だ」ということを受け入れながらも、**ここが重要ですが、**「意図的」「意識的」に「他人との比較は意味がない」と自己洗脳すべき**だと考えます。

その「どうしても他人との比較をしてしまう自分」を受け入れながらも、どうすれば少しでも他人のことが目に入らずに、自分のことだけに目を向けられるか？

今回は1つの事例として、僕が実践している3つをご紹介したいと思います。

## ❶ 上手くいっていない・気分が落ち込んでいるときはSNSを開かない

落ち込んでいるときのSNSの世界はある意味地獄です。気づいたら自分以外のみんなが、幸せそうに・輝いて見えます。

ですが、**SNSの世界は基本、虚構と捉えるべき**です。

SNSやメールの情報発信を実践・指導させていただき10年経ちますが、有益な情報以上に、嘘や偽りの実績・数字・経験が多いのが事実です。その比率は、正直なところ、有益な情報＝1割、嘘・偽りの情報＝9割というのがリアルな数字でしょう。

個人で好き勝手に発信できる時代です。そして、人は背伸びをしたがる生き物です。その「背伸びをしたがる生き物」の行動特徴も厄介なもので、**「上手くいったときだけ発信。失敗や挫折は隠す」**というものがあります。

別に嘘をついている訳ではありませんが、人によっては「この人はいつも上手くいっているな~いいな~~」と錯覚してしまいます（と言いますか、発信者はそれを狙っている場合が大半です）。

それがルール＝日常なので、今さら「正しい情報だけ！」と言っても無理があります。
だから、**特に落ち込んでいるときは「開かない」こと**です。

ちなみに、ＳＮＳは誰からも何も言われずに好き勝手発信できますが、多くのマスメディア（テレビ・新聞・雑誌・ラジオ、書籍など）は必ず「製作者」の視点・フィルターが入ります。

だから、単なる個人の発信より信憑性は高いと言えます。

マスメディア＜＜＜＜＜＜インターネットの時代と言われていますが、個人的には、マスメディアや書籍の価値はそこにあると考えます。

---

## ❷ SNSをやるならば、ROM専ではなくて「発信」もセットで行うこと

---

※ＲＯＭ専とは、「ネット掲示板で、書き込みをせず、読んでいるだけの人」という意味のネット用語です。元々はネット掲示板で使われていた言葉ですが、最近はＳＮＳでも使われるようになりました。ＳＮＳでは、「特に投稿などをせず、他の人の投稿を見ること

が目的でアカウントを利用している人」のことを指します。

僕はメルマガやSNS発信を10年続けていますが、毎日発信しているので、さすがに毎日いいことばかり発信できません。僕の場合は、上手くいっているときも、失敗したときも、すべて赤裸々に発信していますが、この発信を続けたから継続できた側面は間違いなくあります。

**上手くいったときは、お祝いのコメントをいただく。上手くいかないときは励ましの言葉をいただく。**

**どちらにしろ「継続」のエネルギーになったのは事実です。**

だから、SNSをやりたいのならば、「発信」もセットで行うことをお勧めします。

見ているだけでは、つらいことばかりですので。

## ❸ 自分よりも遥か先にいっている人と比較する

気づいたら僕らは、自分と似たような実力、実績の方と比較してしまうから、そのたびに一喜一憂するんです。

**同じような実力、頑張れば自分もできそうな人との比較こそが一番厄介。**

当然、同じような実力なので勝つときも負けるときもあり、そのたびに一喜一憂するのはすごく疲れます。

僕はYouTubeを始めて、1年でやっとチャンネル登録者数1万人に到達したときは、それはそれは嬉しかったです。何もしなかったときは当然「0」だった自分が、好き勝手やっているチャンネルで1万人のファンがいてくれることに喜びを感じました。

僕と同じような動画を上げている人は当時いなかったので、同じ時期に僕のチャンネルを真似して多くの方が始めましたが、今では誰一人続いていません。

続かなかった彼らと僕との一番の違いは、比較対象だと考えます。

僕の真似をして始めた彼らは絶えず僕と比較していました。

正直、比較対象のレベルが低すぎです。笑

僕が YouTube をやるうえで絶えず参考にしていたのは、チャンネル登録者数100万人超えの人ばかりでした。

「ヒカキンさんすげえ……」

「中田のあっちゃんの YouTube 大学勢い止まらないな……」

「カジサックさん、今度はこんな人とコラボしているんだ……」


同じ「YouTube」でもこれだけ差があると思うと、ある意味笑っちゃいますが、言い方を変えると、比較どうのこうのより自分の「未来」を感じるんです。

もっと言うと、動画の撮影の仕方、編集方法、サムネイル……すべてが学びになります。

なぜならば、少しでも真似してエッセンスを盗めれば、自分も少しは近づけるのでは？とワクワクするから。


僕の真似なんかしても未来はありません。

**同じような人とばかり比較するから、足を引っ張り合ったり、できない自分に凹んだりする。最初から手が届かなさそうな人を比較対象におくことで、そんなストレスから解消されます。**

目標設定値は低くですが、どうしても人間の嫌なところが出てしまう「他人との比較」に関して、避けられないのならば、堂々と無謀な設定をしてしまうことをお勧めします。

個人事業主のビジネスも同じです。

なかなか上手くいかないときに、同じようなステージの方の活動が気になってしょうがなかった僕ですが、あるときから比較対象を、大前研一さん、孫正義さん、堀江貴文さん、ヒロユキさんに変えたら、自分だけでなくライバルも小粒に見えて、どうでもよくなりました。

自分と同じくらいの人との競争より、「自分のやれることをやろう」と素直に思えますので。

かなりお勧めです。

# 15 SNSでの宣言をやめる

これまた類似ノウハウの多くに、「宣言をしよう！」というものがあります。「宣言」をすることで「自分自身を追い込むこと」が狙いです。

もうここまで僕の話に付き合っていただいた方ならおわかりかと思いますが、「追い込む」なんてことは、「継続」をしていく際には、逆のベクトルに存在します。

やる気・モチベーションなんてそんなに続かない。また、人は完璧主義だから人に恥ずかしいところを見せられない、見せたくない。だからできない自分を隠す、その場から逃げる、最初からなかったことにする。そういうケースが大半です。

**「継続」は自分との戦い。わざわざ周りを巻き込むことで、余計に自分の首を締めるのは**

**やめましょう。**

まだ何も達成していない段階での「宣言」なんて何一つ良いことはありません。

強いて言えば、家族や本当に近しい人であれば効果を発揮するかもしれませんが、僕の場合はダイエット宣言して挫折するたびに、妻からの冷たい視線に耐えられず宣言はやめた……というのはどうでもいい話ですが。

「宣言の弊害」を説明するうえで、1つ面白い心理実験をご紹介させてください。

アメリカの起業家、デレク・シヴァーズのＴＥＤスピーチで有名になった実験です。

人を集めて45分間、目標に向かう作業をしてもらうのですが、半分の人には目標を宣言してから作業に取り組むように指示し、残り半分の人には何も言わずに作業に取り組むよう指示しました。

実験の結果、最初に目標を宣言しなかった人たちは、与えられた45分間という時間を最後まで使い切ったのち、「自分の目標達成には努力が足りない」という感想を持つ傾向があったのに対し、最初に宣言した人たちは、45分を使い切らず早々に作業を切り上げ、自分の成果に簡単に満足してしまう傾向がありました。

この実験から分析できることとして、**目標を他人に宣言すると、「目標に近づいた気分」になってしまうと考えられる、**ということです。

当然、公言するだけでは実際には近づいていないのですが、達成した気分になり、努力を怠ってしまいます。

僕の、妻へのダイエット宣言なんてまさにそう。もう少しお話しさせていただくと、その宣言をした瞬間、「良いわね！応援しているわ！昔買って穿けてないズボンも穿けるように！」と言われた時点で、目標を達成した気分になったのは間違いないです。

宣言は、その名の通り「やれる！」という確信のもとでするものであり、気軽にするものではありません。

そんな自分を追い込むような、スタートダッシュは意味がありません。

ベタで恐縮ですが、宣言は「自分の心の中」だけに留めておきましょう。

# 16 達成してからの報告・相談をやめる

宣言は自分の首を絞めるだけで、お勧めはしません！とお伝えすると、僕の周りの真面目なビジネスパーソンは、素直に受け入れるも、今度は極端に「達成してから、良い報告をしよう！」というモードになる方がいらっしゃいます。

ここで、僕が周りを巻き込んだ活動で一番重要なことをお伝えします。それは、

**「行動する前に相談なし」**
**「行動したら、たとえどんな結果だろうと途中経過報告・相談はどんどんすべき」**

というシンプルなルールです。

「宣言」って、ほどんどは何も行動していない段階での発信です。宣言した方は、気持ち良くなると思います。一瞬ではありますが、「言ってしまったぜ。あとはやるだけ!」と思うことでしょう。

それでやればいいですが、多くの方は宣言して終わりになります。

残念ながら、家族や近しい人以外、「宣言」されたところで、所詮他人なので、「へーーー頑張って」くらいの反応しかしようがありません。

対して、**「相談」「報告」というのは、何かしら行動しないとできない行為**です。

ビジネスコミュニティを運営すると、さまざまなサービスを開発提供しますが、一番効果があるのは、「月報(週報・日報)を書いてもらって、それに対してディレクションをしてあげること」だと考えます。

もうかれこれ10年近くなんらかのビジネスコミュニティを運営していますが、この月報制度だけはずっと継続して提供しており、参加者からは高い満足度をいただけています。

それでも実際に報告を受ける側としてわかることは、「良い結果」だけの報告が圧倒的に多いということです（ここでも完璧主義が発動されます）。

いつも月報をいただくのに「あれ？ 彼からの月報、今月出てないな？」と気づき、こちらから連絡すると、「今月はイマイチで。数字も全く伸びず。報告するのもいかがなものか……と思いまして」という方は本当に多い。

だけど、**上手くいかないからこそ「報告」「相談」はすべき**なのではないでしょうか？ 間違ったやり方、自分の知らない手法を知ることができる最大のチャンスです。

また、こんな理由で報告しない方もいらっしゃいました。

「みんな100万円とか稼いでいる中、自分はたった3万円の収益だったので……」

他人との比較、完璧主義、もうツッコミどころ満載です。

その彼は、忙しいサラリーマンをしながら貴重な睡眠時間を削って副業を行い、メルカリサービスを利用した活動をして、なんと初月で3万円の収益を得ていたのです。

こんな素晴らしいことなんてありません。

ちなみに、ここ最近は時代の流れもあって、副業をする労働者は毎年増えています。

ですが、副業で毎月1万円以上稼げている人の割合は1割以下だったりするんです（その成果を出せない一番の理由こそが継続の挫折です）。

「自分のすごさを一番わかっていないのは自分」ではないですが、気づかない人は多い。

**そういう、行動しただけでなく結果も伴った活動は、どんどん自慢してください。**

**そしてまた継続の糧にしてください。**

「自分の目標を達成してからの報告」は、もったいないです。

行動したら、どんどん報告・相談を積極的に行うことをお勧めします。

# 17 自分に都合のいい情報探しをやめる

「継続」の壁にぶつかる人の多くは、自分のやり方が間違っているかも？とか、他の人はどんなやり方をしているのだろう？と気になるとすぐに、インターネットで情報を探す行動を始めます。

情報収集は悪いことではないですが、そのときの注意点を1つ。

**「情報収集」と「自分にとっての都合のいい情報探し」は別**、ということです。

今の時代、ネット上にはあらゆる情報が溢れかえっています。

マスメディアだけの時代に比べて、極端な例で言うと、犯罪などを擁護する意見もたくさん目にするようになりました。

いろんな意見があっての社会です。ですが、自分でも「間違っている」と思うことを肯定するような記事や意見に、あえて耳を傾ける必要はないと考えます。

ですから、行き詰まっていたりスランプに陥ったりしているときのネット検索では、「情報収集」と「自分にとっての都合のいい情報探し」をごちゃ混ぜにしないでいただきたいのです。

特に、長く付き合っていかなければいけない「継続」です。その**志半ばで、変な意見に惑わされてほしくない**のです。

誰もが大事だと思っている「継続」ですら、「継続なんて意味がない」「続けても未来はない」なんていう、夢も希望もない意見・記事も無数に存在します。

少し話がずれますが、まだ幼かった私、三浦少年の「全方位を肯定するような情報」で大混乱した話を。

時間は高校時代まで遡りますが、当時知り合った女性に恋心を抱いた三浦少年。思い切って初デートに誘うも、緊張のあまり何も手につかない状態が続いておりました。

「このままじゃいかん」ということで、最初はバカにしていた「情報誌」なるものを初めて購入することにします。

さすがに題名は忘れましたが、「初デートで失敗しない方法」といった特集が組まれていました。

そういった情報誌に左右される人間を「マニュアルくん」とバカにしていた僕ですが、やはり緊急事態は別。買ったのをいいことに、冒頭の目次から最後のコラムまで一字一句逃さずに熟読したことを、今でも鮮明に覚えています。

そこで、まだ幼かった三浦少年は衝撃のノウハウを知ります。

「初デートでのキスはＮＧ。流れで手を繋ぐまではＯＫ。ファーストキスの理想は３回目のデート」。

すかさずメモを取った三浦少年。「これはすごい情報だ!」と興奮して、そのまま読み進めていくと、ある女性のインタビュー記事に固まりました。

「初めてのデートでキスされたときは驚きました。でも、サプライズキスはすごく嬉しかったです」。

「何が正解なんだ！」と訳がわからなくなって、慌てふためいている昔の自分の映像が今でも甦ります。

結果、臆病な僕は初デートで手も繋がず、2回目のデートの誘いで音信不通になりました。そのときに、「ちくしょ！ 1つ目の情報は嘘じゃん！ 2つ目のインタビュー記事だけ信じればよかった」と思いましたが、今なら当然、初デートでいきなりキスを迫って振られる映像も浮かびます。


そんな僕のダサい話には続きがあります。

広告代理店に就職した僕は、ビジネスでいろんな雑誌社とも知り合いました。

その三浦少年を大混乱に陥らせた出版社とも知り合い、仕事で飲みにいくことに。

お酒も進んで、僕の淡い体験を話したところ、とにかく大爆笑。その場は盛り上がりましたが、その担当の方の言葉が、今でも僕の「情報収集時」に役立っています。

「三浦くん、最高だね！ でも、僕らからしてみたら嫌なお客様かも？ あーいう情報誌は、一字一句最後まで読む人の方が圧倒的に少ないのよ。さらに『実践』まで行く人は数％いないかも？　多くの読者は『自分の都合のいい情報だけをピックアップする』という習性がある。だから僕らはとにかくあーいう情報誌では『漏れなく全方位』が基本戦略なんだよねー」。

なるほど！　まさにカラーバス効果か！　と。ちなみにカラーバス効果とは、特定のことを意識し始めると、日常の中でそのことに関する情報が自然と目に留まるようになる現象のことを言います。

僕の中で一番わかりやすい事例は、車を買い換えると、街中で同じ車種をよく見かけるようになり、「あれ？　俺が買った瞬間から人気になったのかな？」と勘違いすることです。僕が買う前からその車種はたくさん街中を走っていますが、ただ自分が「意識」していないから見えていないだけだったりします。

**このカラーバス効果が変な方向に発展すると、人は「自分の都合のいい情報だけ」を拾うようになります。**

初デート1回目からキスしたい人は最初の情報は目に入らず、女性のインタビュー記事だけが目に入る。逆に慎重な人は、1回目の情報に信憑性を持ち、インタビュー記事は読んでも頭に入らない、ということになります。

つまり、**フラットな気持ちで情報収集するのは実は難しい**ということ。

なので、**なかなか継続できないときに、すぐにネットの情報に逃げるのはとても危険**です。

「現実逃避からくる一瞬の自己肯定感」に陥らずに、目標を掲げた最初の想いを忘れず、とにかく焦らずにコツコツと継続していきましょう。

# 18 「投資は0円で」をやめる

４マスメディア（テレビ・新聞・雑誌・ラジオ）の影響力が絶大だった時代から、インターネット、ＳＮＳに移行してきた現代。良いことも増えましたが、弊害も少なからず出てきたのは間違いありません。

その弊害の１つに、個人が自由に発信できることで「嘘の情報が増えた」ことがあります。その嘘の情報に簡単に触れられるようになり、多くの被害者が生まれたことは、個人的には大問題だと考えます。

人によっては「自己責任」と片付ける人もいますが、やはり発信者がなんの根拠もなく嘘の情報を発信することは許し難いことです。

また、そういう嘘の発信によって、「真面目に正しい情報を発信している人が埋没してしまう」ということも、無視できない現象です。

**ダイエット、英語、副業、どれもしっかりと指導してくれる組織や個人は、たくさん存在します。**

僕も、独学でTOEICを勉強するのではなく、スポット的にでも塾に通ったことで、スコアが上がりました。また、短期でしたが今流行りのスポーツジムに行くことで、わかりやすく痩せたこともあります。さらに、今でもビジネスの壁にぶつかるたびに、高額コンサルを受けています。

そのたびに**「餅は餅屋に聞け」**という言葉が頭に浮かびます。

しっかりと指導してくれる人に出会えたならば、思い切ってその環境に飛び込み、**GOALまでの時間を短縮＝「時間をお金で買う」という判断も、選択肢の1つに入れてもいい**のではないでしょうか？

chapter 3

# 時間を使いこなすための「やめる」

# 19 無理やりな朝型生活をやめる

この章から、継続において大事な僕なりの「時間の作り方・過ごし方」をお伝えしていきます。きっとこの「時間」の話が、他の類似ノウハウと一番異なる内容だと思います。

時間の話は、医学的・心理学的な見解に基づくものが多いですが、僕の手法はすべて「実体験」に基づくものなので、もしかしたら邪道なものも多いかもしれません。

しかし、**すべて僕の経験と、僕の話を聞いて実践し、成果を出してくれた方々のリアルな声**ですので、お付き合いいただけましたら幸いです。

継続・習慣系の書籍や記事・文献を調べるとすぐに気づきます。90％の結論として挙げられるのが、この2つです。

「規則正しい生活を」

「生活を夜型から朝型へシフト」


ですが、僕の考えは、**「それができないから困っている」**です。

社会人、もっと言えば学生時代から夜型生活が染み込んでいる僕。正直なところ、この結論を読むたびに気持ちが萎えていました。「またそれか……」と。

数十年染み付いた習慣は簡単には変えられません。


とはいえ、そこまで「朝型生活」を推奨されると、やはりチャレンジしない訳にはいかない、ということで何回かチャレンジしましたが、案の定、毎回挫折。

僕の場合、毎日メルマガを書く＝朝型生活というのが、最後まで納得できませんでした。どんなに医学的な見解が載っていようが、朝の眠さには勝てない。

無理やり早起きしても、頭がぼーーっとして、数時間ポンコツ。だったら寝ていた方がいいと思うようになりました。

僕としては、**自分のベストな時間に起きて頭をスッキリさせて取り組んだ方が、100倍効率がいい**という結論です。

新しいことに継続チャレンジするということは、今までの生活にさらに負荷がかかるということ。そこへ、朝が苦手な人に「早起き」を加えるのは、あまりに酷です。

逆に、朝が苦手な人は夜が強い傾向にあります。そうであれば、毎日早起きして朝一で取り組むより、どんなに忙しくても「寝る前に10分」の方が数段継続力は上がります。

誰もが朝起きるように、誰もが夜寝ます。その朝に起きてやるのも、夜に寝る直前にやるのも、同じ「やった」ということに変わりはない。

**一番大事なのは「継続」。朝やろうが夜やろうが同じ「継続」です。**

そんな僕ですが、夜型生活・不規則な生活を続けながら、メルマガ10年間、YouTube3年間、毎日継続できています。

こんな僕でもできた訳ですから、朝が弱い人も全く気にせず、自分の目標に向かって継続してほしいです。

# 20 取り組む時間を決めるのをやめる

取り組む時間を決めるのも、早起き同様、自分の首を締めることになりかねませんので、お勧めしません。ある程度慣れてきてから、自分で決めることだと思います。

繰り返しお伝えしていますが、継続で一番大事なのは、どうやって「やる気・モチベーションを上げるか」ではなく、いかにして「やる気の根を絶やさないか」です。

**継続は短距離走ではありません。マラソンです。**マラソンで最初から全力で走る人なんていないでしょう。また、マラソンで言うと、最初のTOP集団の先頭にいる人で、メダルを取った人を見たことがありません。それは別の話でしょうが、僕にとって継続のイメージは、どのようにしてTOP集団のお尻に居続けられるか？というのが近いです。

毎日○時にやろう！と決めていると、その時間が来るまでソワソワするわ、不測の事態が起きるわで、その時間にできないと焦り出す。

焦るだけならまだいいですが、「今日は急遽飲み会に誘われたからしょうがなくね？」と自分に言い訳をし、継続をやめる理由にしてしまいます。

継続を始めたばかりの新婚ほやほや期は、「毎朝起きたら奥さんに『愛しているよ』と言う」と決めるのではなく、「1日24時間中のどこかで『いつもありがとう』と感謝の気持ちを伝える」と設定する方が建設的です。

また、この項では、**どんな継続でも「毎日設定」が実は一番楽、**ということにも触れたいと思います。

毎週火曜日スポーツジム、毎週土日英会話スクール。これもある意味、時間設定と近いものがあります。火曜日に近づくにつれて憂鬱になったり、金曜日の夜に「明日・明後日と英語か……」という気持ちになったりします。挙句、先生の都合で急遽お休みの連絡が来ると、メチャクチャ嬉しい！ なんてことが出てきます。
そういった気持ちを避けるためにも、**継続を「毎日」に設定しておけば、いちいち一喜一憂しなくなります。**

また、週1回や2回の継続は、とても負荷がかかることや、ノルマ設定がキツいものが多いです。

僕も話題のスポーツジムに通ったときに、本当につらいトレーニングなので行くたびに憂鬱になり、気づいたらフェードアウトしてしまいました。

毎日はつらいという人もいますが、毎日でもつらくない・苦ではない程度の目標設定を最初にすることで、行動する前のストレスを最小にすることができます。

**スモールステップ、小さな目標を毎日24時間以内のどこかで、というのがスタートアップ時の最強の設定**だと考えます。

# 21 キャパオーバーをやめる

ここ10年、副業を中心に「継続」しながら、目標や夢を叶えていく人をたくさん見てきましたが、共通しているのは、「みんな、忙しい状態から始める」ということです。

サラリーマンの仕事は当然だとしても、今なお多くの女性が担っている家事・育児の大変さを完全には理解できていなかった僕は、彼女らの忙しさを目の当たりにして「これは外で働く方が楽だわ」と思いました。

とにかくみんな忙しく、そして悩みながら生きている。

なんでこんな感傷的な話をするかと言うと、「ただでさえ忙しく時間がない訳だから、その状況に＋ONで何かを始めることは、とてもとても大変なことである」ということを

お伝えしたいからです。

そこでたどり着く1つの結論は、**「何かを得たかったら、何かを捨てることから始めよう」**ということです。

パソコンの容量がいっぱいの状態だと、変な音がするわ、反応が悪くなり動きが遅くなるわで、不便極まりないです。

その状態にさらに、重い動画データを保存しようとすれば、ヘタしたらフリーズして故障の原因になります。

「じゃあ、新しいのを買えばいいじゃん」というのも少し違う。仮に新しいパソコンを買ったとしても、緊急で使わなければいけないデータや資料は移行しますよね？　その移行作業の前に、「捨てられるもの、今は不要なものを捨てる」という行為をする方が、数倍効率的です。

僕自身、これまで何かしら新しいチャレンジをすることになると、自然と「何かを捨てる」経験と結びついていることに気づきました。

・ほぼ毎日買っていた漫画週刊誌→電車で読む機会が多かったが、気づいたら英語の勉強に変わっていた

・ゲーム・テレビ→体育会の練習がキツすぎて自然と止めていた

・社会人になっての旧友との会食→たまに無性に会いたくなったが、クライアントの会食と重なるとそちらを優先。他の職種に比べて夜遅い仕事だったので、合コンにも呼ばれなくなった

・ランチ→これは僕ではなくビジネス仲間の話ですが、どう考えても副業の時間を捻出できず、思い切ってランチの時間を充てることに

やはり「時間は有限」。やりたいことを全部やれるほど、僕らには時間は与えられていないのです。

だから最近は、継続を指導させてもらうにあたり、**「何をやめようか？ 何を捨てようか？」ということを最初に決める**ようにしています。

当然、毎日の仕事、家事、育児は捨てられません。たまに勢いで会社を辞める人もいらっしゃいますが、そういう方はごくまれです。

やはり多くの方は今の生活をベースにしながら、それに新しい何かを加えたいと願う。先ほどのパソコンの例で言うと、買い換えるのではなく、上書き的なアプローチです。

何かを始めよう！と思い立つときは気持ちがはやるのはわかりますが、**少し立ち止まって「捨てる」こと、そして、あなたのキャパシティを少し空けることをお勧めします。**

ちなみに、僕や僕の周りで「捨てる」ものとして比較的多かったのは、これらです。やはりこの辺を整理して、自分のキャパシティ・時間を創出していました。

・気づいたら自然とやっているテレビ、スマホ、YouTube 閲覧
・そこまで仲の良くない人との付き合い（飲み会・Zoom）
・夜になったら惰性で飲み始める飲酒時間

# 22 我慢をやめる

僕は**日本人、特にサラリーマンの方は「我慢」を美学にし過ぎ**だと思います。

これはもう、日本人ならではの伝統・歴史・文化レベルの問題かと思います。

幼い頃の経験が大きいかもしれません。僕も何度も言われました。


「我が儘言っちゃいけません！」

「我慢しなさい！」

「○○ちゃんだって我慢してるでしょ！」

「人は人。ウチはウチ」


親のそういう躾は、子供のことを考えているというよりは、ただただ自分のエゴを押し

付けていることが多い。大人になって痛感させられました。

正直なところ、**「我慢＝美学」の時代は令和になって終焉し、今は「努力＝夢達成」の時代になった**と考えます。

その流れを理解せず、ただただ惰性で強制的に働かされる環境に身を置いている人が、いかに多いことか。

冷静に分析してみても、戦後の高度経済成長→平成の途中まで、言い換えると「インターネットが台頭した前後」では、働き方の自由度が変わってきたのは、周知の事実のはず。

しかし、日本の学校教育は変わらず1つの会社で勤め上げることを勧めており、起業や副業はただのリスクでしかない、という洗脳がいまだに続いています。

働き方・生き方の選択肢が無限に存在するのがわかってきているのに、いまだに国は自分たちのために、何も考えずに馬車馬のように働く人ばかりを作ろうとする。

こんなに個人で働ける時代、組織に依存しなくても戦える時代はないのに、学校でも会社でも誰も教えてくれない。だから、自ら考え選択しなくてはならないのですが。

僕は「我慢するな」とは言いますが、別に手を抜けなんて言っていません。**我慢する時間を、自分の目標や夢を叶えるための「努力の時間」に充てるべき**だと考えます。

「我慢」と「努力」とは、似ているようで全く違うと僕は捉えています。

わかりやすくシンプルに区別すると、このようになります。

・我慢＝投資した時間・労力に対しての対価・見返りが正当に得られない時に生じる感情
・努力＝投資した時間・労力に対してわかりやすい対価・価値が得られる時に生じる感情

僕もさまざまな仕事をしてきましたが、どんな仕事も大変です。簡単な仕事なんてありませんし、楽してお金儲けできるほど世の中甘くありません。

みんなが同じような厳しい条件で働いているのに、なぜどんどん収入の格差が広がっていくのか？

それは、「自由度」と「選択肢の増加」による結果だと考えられます。

強制されて「毎日我慢して働いている人」と、つらい仕事だけど自ら選択し、目標に向かって「毎日努力を積み重ねて働いている人」との差が、年収＝お金というわかりやすい指標に表れているのだと考えます。

ただ、その「やりたいこと」や「天職」のようなことを自分で選択するのは、なかなか難しいものです。

だからこそ、**今の生活に何かしらの「継続」を加えて、新しい世界を覗くべき**です。

日々の仕事が何一つ面白いと感じられず、職場環境も最悪だというサラリーマンの方をたくさん見てきました。

仕事を続けたい気持ちがあったけれど、結婚を機に家事・育児に専念せざるを得なくなった女性もたくさん見てきました。

それも自分の「選択」には変わりありませんが、日々「我慢」しかしていないと思ったら、何に「努力できるか」を探し、チャレンジすべきです。

いきなり会社を辞める、家事育児をすべて投げ出す、という人はなかなかいらっしゃいません。

ですが、その我慢する時期を過ごしながらも、何かしらの「継続努力」を行うことで、幸福度を上げた方はたくさんいらっしゃいます。

その方たち全員に共通して言えるのは、「自分で選択して継続した」ということです。結果として、つらかった日々の仕事も「いつ辞めてもいいや」と思えるようになり、いいところが見えるようになったりもします。また、より子供を好きになるということも多くあります。

**日々の忙しい時間に、いかに「我慢」ではなく「努力」だと思える時間を設けられるか？**

判断し、選択し、行動し、継続するのは自分です。

一緒に「努力」し続けましょう！

# 23 食わず嫌いをやめる

僕も今では「どうすれば継続できるか？」と、あちらこちらでお話しさせていただける機会が増えました。しかし当然、自分なりの「継続論」を語れるようになるまでは、失敗・挫折の連続でした。

僕が真剣に「継続」に向き合ったのは、転職を視野に入れた苦手な英語学習が最初です。本来は毎日単語の1つでも覚えるべきなのですが、何をやっても「勉強したくない」「今日はお休み」という気持ちの連続だったので、とにかく書店にある継続・習慣系の書籍を買い漁っていたのを、今でもよく覚えています。

ただそんな遠回りをした自分の唯一よかったことは、それらの継続・習慣系の書籍に書いてあるノウハウをほとんど実践したことです。

推奨されているノウハウをやる前からなんとなく「これは俺には向かない」「これは俺でもできそうだ」というフィルターはかかっていましたが、「とりあえずはやってみよう」と思うほど、追い込まれていてよかったです。

結果として、その最初のフィルター通りのことの多くが、今でも実践していることです。

しかし一方、「これは絶対に嫌だ」「他の誰かに見られたら恥ずかしい」と思った、**最もやりたくないノウハウが、今では僕の継続ノウハウレギュラーになっていたりします。**

それは「目標達成後のビジュアル化」です。

多くの書籍で展開されているノウハウで、「目標を達成した後に手に入れた未来画像を、スマホの待ち受け画面や、日々のデスクワークで使用している机の前の壁に貼る」というものです。

たとえば、どうしてもベンツのSクラスに乗りたくて副業を始めた人は、その最も欲しいベンツSクラスの写真をスマホの待受画面に。

英語を喋れるようになることで、ノンストレスで海外旅行を楽しみたい方は、その行きたい国の写真を机の前に貼っておく。

そういう「達成した後の未来」をビジュアル化しておくことで、人はモチベーションが続く、といったノウハウです。頭では理解しやすいのですが、それをやるのがとにかく恥ずかしくて仕方がありませんでした。

ですが、これ、**実際にやってみたら効果てきめんだった**のです。

ただ、恥ずかしいという気持ちは変わらずにあったので、TOEIC勉強時はネットから画像を持ってきて、満点の「990点」の画像をスマホの待受画面に。

ダイエットチャレンジ時には、たまたま痩せていたときの上半身裸の写真を見つけたので、その写真を作業場の壁に（絶対にスマホの待受画面にはできない！）

毎日その画像に触れるたびに刺激を受けたのは確かです。今回のテーマとは違うので軽く触れるにとどめますが、この画像にも人はすぐに慣れるので、定期的に変えることをお勧めします。

別に僕と同じように「ビジュアル化をやろう！」という話ではありません。一番お伝えしたいのは、このようなことです。

**「どんなノウハウがあなたにふさわしいのか？はわからない」**
**「第一印象でやる・やらないを決めるのは、チャンスを逃す」**

新しいチャレンジです。自分の知らない価値観や思考・性格が見えてくることも、多々あります。

勝手に「食わず嫌い」にならないで、とりあえずは試してみる、ということを強くお勧めします。

# 24 「そんなの邪道だ」をやめる

継続していくと不思議なもので、人は「抜け道」を見つけ出します。元来、怠け者のDNAが深く刻まれているのでしょう。本当に人間は（特に僕は）「少しでも楽して生きていきたい」と強く願う生き物だと痛感させられます。

ですがそれでも、「0」と「1」は違う。**自分としてはクオリティやパフォーマンスに納得していなくても、「100点満点中20点」でも同じ継続です。**毎日「100点」でできる人なんて、過去の偉人も含めて皆無だと僕は考えます。

毎日メルマガを書き始めてから5年目くらいに（もっと早く知りたかった）、ホリエモンさんのあるインタビュー記事に目が留まりました。

「毎週メールマガジンを発行していますが、過去のメールを若干アレンジして送る日もあるので、続けるのはさほど苦ではありません」。

えっ！？　マジ？？？　そんなのあり？？？？

メルマガで言うと、僕以上に長く続けているある方は、最近は伝えたい内容を口頭で話してボイスレコーダーに録音。それを社員が書き起こして送っていることも知りました。

そういうエピソードを知るたびに「そんなの邪道じゃん！」と思ったものです。

ですが、彼らに共通して言えるのは、「継続」を一番に大事にしているということ。メルマガを待っている人にしっかりと定期的に届けることを第一優先にしているのです。

だから、僕からすれば「邪道」と思うことですが、それこそ僕の勝手な完璧主義からくるエゴ。**変にそんなディティールを気にして「継続」できなくなるよりも、どんなやり方でもしっかり継続することが大事**だということに気づきました。

「継続は中身＝クオリティを超える」。

もしかしたら、5年目に彼らのエピソードを聞けなかったら、今、継続は終わっていたかもしれない。

その頃からです。継続において一番大事なのは「やる気の根を絶やさない」こと、そして、どんな形だろうが、続けることで未来が切り拓かれる、ということに確信を持てたのは。

以降、僕なりの邪道をメルマガ、YouTube共に編み出すことに成功し、今の継続記録更新の役に立っています。少しでもこの「邪道法」が参考になれば幸いです。

**【メルマガ】**

・ホリエモンさん同様に、過去の記事をアレンジして再配信

・「書く」のがつらい日は「音声メルマガ」で配信

※たまに音声・動画メルマガを差し込んだ方が読者様が喜ぶことを知る

**【YouTube】**

・これまた結構やっている人が多い、過去のアーカイブ動画の頭に1分程度違う動画を差し込んで再UP

※全く同じ動画を上げるとGoogleのクローラー（チェック機能）に引っ掛かる場合があるので、少しでも変えることを推奨

・すべてオリジナルで作成すると時間がかかるので、記事を読み上げる動画を配信

・生配信LIVE※動画を作る時間が省ける

たまたま僕のメインの継続コンテンツである、メルマガやYouTubeを例に出しましたが、**どのジャンルも継続していくと必ず「邪道法」は見つかります。**

相手に届ける系（発信系）において、この「邪道法」を強く推奨したい理由は、読者様・視聴者様は、「今日も届いた」ということに満足される方が多いということを知ったからでもあります。

ぜひ、あなたのチャレンジしているジャンルでの「邪道法」を見つけてください。

chapter

4

# リフレッシュするための「やめる」

# 25 既存のリフレッシュの考え方をやめる

この項から僕なりの「リフレッシュ法」をお伝えしていきます。

というのも、偉そうに「継続論」を語っていますが、毎日毎日「今日もやるぞ！」なんてことは、この10年一度もありません。むしろ、「めんどくせえなー」と思う日の方が圧倒的に多いです。

それでも**なんとか続けてこられた理由の1つに、「リフレッシュ」「気分転換」が人よりも少しだけ上手だった、ということがある**と思うからです。

その中でも、僕としては最も効果てきめんだったのが、この「既存のリフレッシュの考え方をやめる」です。

このノウハウを知ったキッカケは、今では人気YouTuberのオリエンタルラジオの中田

敦彦さんが、あるテレビ番組で受験勉強対策として話していたことでした。まさに青天の霹靂という言葉がふさわしいほど、衝撃を受けた発見でした。

「みんなリフレッシュの仕方が間違っている。たとえば、数学の勉強をしていて途中でつらくなったら、勉強をやめて『気分転換』という言葉に逃げて、遊びに行ったり、カラオケに行ったり、漫画を読み始めたりするからダメなんだ。**数学の勉強がつらくなったら、『科目を変えればいい』**。英語だったり世界史だったり。そうしたらまた数学がやりたくなる」。

これにはかなり納得！　すぐに自分の活動に落とし込んだことを覚えています。

そして自分なりにアレンジして活用させてもらいました。

僕がこの中田のあっちゃんの受験ノウハウを聞いて気づいたことは、「少しずらした行動の大事さ」です。

つまり、**やるべきことにどうしてもやる気が出ないとき、**すぐに「いいや、明日で」と投げ出すのではなく、**その周辺の活動をやってみる、という悪あがきの大事さを知りました。**

自分は漫画ワンピースのことなら誰よりも詳しい！　炭水化物ダイエットのことなら無尽蔵に話せるぜ！　と言う方と出会ったことがあり、それぞれ「ワンピースメルマガ」「炭水化物ダイエットメルマガ」を始めたのですが、1週間も続きませんでした。

そんな彼らに「ワンピースを1巻から読み返す」「ネットで他の炭水化物ダイエットにチャレンジしている方のブログ記事を読んでみる」ということを推奨したところ、忘れていたことを思い出したり、なんとなく頭でモヤモヤしていた情報が整理されたりすることが起きました。

**「継続できない」と諦める前に、その周辺でもがいてみることはかなりお勧めです。**

腕立てやスクワットを日課にしている方は、肉体的に負荷がかかるので、僕のメルマガやYouTubeより大変だと思います。どうしても続かないときは、視点を変えて筋トレの本を読み返してみたり、ダイエットに成功した方の記事を読んでみたりする。

**その行動こそが「リフレッシュ」だと考えます。**

中田のあっちゃんの受験勉強ノウハウの流れで、もう1つ受験勉強に纏わるエピソードを紹介させてください。

テレビドラマでも大人気になった「ドラゴン桜」。偏差値が低い学校・学生が東大を目指す物語ですが、作者の三田先生の取材力にはいつも脱帽します。

そのドラゴン桜での僕の大好きな言葉は、**「勉強のストレスは勉強でしか払拭できない」**です。

勉強が嫌で遊びに行っても、どこか「後ろめたさ」は残る。

僕も同じような経験を何度もしています。メルマガ・YouTubeをやらずに友人と飲みに行った日は、心の底から楽しめない自分がいます。

かと言って、毎日やる気が漲るものでもない。

そんなときはぜひ、投げ出す前に「周辺での活動」でもがいてみてください。

# 26 「今日はやる気がないから明日で」をやめる

繰り返しになりますが、僕は人よりも継続に強いわけでは絶対にありません。どちらかというと苦手ですし、だらしない人間であると思っています。

「継続」はそんな自分と真逆に存在するからこそ興味を持ち、攻略したくなったのかもしれません。

やる気が出ないときに、一番効果を発揮する方法は単純です。

**「1分でもやってみる」**
**「最初だけでもやってみる」**
**「嫌だったらすぐにやめる」**

これは、どの類似書籍にも載っていることなので、当たり前に聞こえるかもしれませんが、もう少し深く掘り下げてみたいと思います。

僕は、「どんなにやる気がなくてもやり始めたらできる！」という綺麗事で終わるつもりはありません。

正直なところ、本当に1分でやめたこともあります。最初だけやって投げ捨てたこと、やっぱり嫌だったのでやめたこともありますが、**実際にやり始めてみると驚くほど「やる気が出ない」「明日にしよう」という気持ちは消えていきます。**

脳科学者の池谷裕二さんがこんなことを言っているのをネットで見つけました。

「やりはじめないと、やる気は出ません。脳の側坐核が活動するとやる気が出るのですが、側坐核は、何かをやりはじめないと活動しないので」。

側坐核は「そくざかく」と読むということも、書いている今思い出しましたし、いまだに脳のどこにあってどんな機能があるのか知りません。

そういう情報はスルーして、「やりはじめないとやる気が出ない」というシンプルなメッセージだけで十分です。つまり、**僕ら多くの怠け者は、「やる気が出ないからできない」のではなく「やっていないから、やる気が出ない」**という解釈もできるのです。

ここでも、僕の嫌いな「継続においては、モチベーションUPが一番大事だ」という考えを否定できたりします。

モチベーションが溜まるまで待つのではなく、モチベーションはやりながら溜まるもの。そう解釈した方が、変に悩まずに行動できます。

ランニングシューズを履いてみるだけ。変に学ぼう！と思わずに、英語をBGM代わりに聞いてみようとするだけ。それでも、どうしてもダメなら諦めて次の日に。

きっと、あなたが思っている以上に「次の日に先延ばし」になる日は少なくなるはずです。

# 27 マンネリをやめる

これも王道のノウハウです。

僕は人以上にこの「マンネリ」が大嫌いで、今でも試行錯誤を繰り返しています。

ノウハウは単純で、**いつもやっている環境・時間を変えてみること、やり方を変えてみること**です。

今回は、特に僕が良いと思った「マンネリ打破事例」をご紹介するという形で、ご説明させてください。

**【メルマガ編】**

・いつもは自分のオフィスで書いているが、オフィスから歩いて10分程度の所にある喫茶店で書くことを今でも定期的に実践中。いつもと違う環境なので新鮮な気持ちで向き合える。また、天井が高いスペースでの創作活動（＝企画やクリエイティブなこと）は捗るということも教わり、しばらくはそのスペース探しに時間を割いたことも。今ではすっかり常連に。

・「邪道法」でもご説明したとおり、過去のアーカイブリライト、音声・動画メルマガを定期的に差し込むことでリフレッシュしている。

【YouTube 編】

・いつも1人で動画収録しているので、たまにゲストを呼ぶと、新鮮な気持ちで撮影に向き合える。

・動画収録用に少し高価なマイクを購入したが、思い切ってもう1台購入し、自宅にも置いている。いつもの事務所ではなくたまに家で収録するのも気分転換にいい（こういう投資はどんどんすべき）。

・生配信 LIVE で視聴者様とのコミュニケーションを楽しむことで、リフレッシュすることも。

**【英語攻略編】**

・夜中の公園での単語暗記は滅茶苦茶集中できる。

・特にお気に入りの参考書を2冊追加で購入。1冊は自宅のトイレに、もう1冊はカバンに入れっぱなし。いつでもどこでも、ちょっと気分が乗ったら見られるように。

・浅草の街で時間潰し。多くの海外旅行客からかなりの確率で道を聞かれる。ちょっとした英会話を楽しむ感覚。話した日は勉強はしなかった。

・洋画にチャレンジ。当然字幕なしはつらいから、字幕を英語にするのがお勧め。

**【ダイエット編】**

・ジム通いをしていたときは、つら過ぎてドタキャンも数回。そのときは、いつも以上に歩いたり、階段を使ったりした。邪道法に近い考え。

・とにかく「魚」を食べる機会を増やそうと思ったが、なかなか外食では魚に出会えないことに気づく。そのときに役立ったのが「大戸屋」。都内23区、ほとんどの大戸屋を制覇したのでは？と思うくらいに通った。途中から大戸屋探しが楽しくなった。

・2年前の感染症の問題がピークだった頃、少しでも家を明るくすべく三浦家も犬を飼うことに。犬といえば散歩。「ダイエットチャンス」と捉え、今でも積極的に行っている。毎日同じところを散歩するのに飽きた僕は、わざわざ車で遠出して、駐車場に停めていつもと違った場所で気分転換を。自分にはかなりフィットしていて、「継続」の後押しをしてくれている。

書いていて「しょうもねえ」と思うことも多いですが、そのくらい僕は「マンネリ」が嫌いで、同じ作業を毎日決まった時間にやるのが苦手です。

参考になるかどうかはわかりませんが、とにかく「継続」のために、あらゆる試行錯誤をしてきた事実をお伝えしました。

だらしない男の「もがき」をご理解いただけましたら幸いです。

# 28 誘いを断るのをやめる

これまでいろんな方の「継続チャレンジ」を見てきましたが、挫折してしまう要因として、自分の問題以上に、外的要因も多く見られます。

「不測の事態」が「継続」を邪魔する要因になっている。不測の事態の1位は「急な誘い」です。

・急にクライアントから飲みに誘われる（このご時世では減っているかもしれませんが）
・急に友人や恋人から誘いの連絡がある
・急に故郷から両親が来訪する

こういった、**少し「非日常的なこと」**、**予想していなかった不測の事態が起きたときに、**

**人は言い訳を始めます。**

「本当はやるべきなのはわかっているけど、誘われたんだからしょうがなくない？　俺は悪くない」

「さすがにクライアントの呼び出しは放っておけない」

「恋人が会いたいと言ってくれているんだから……」

「親は無視できない」

ええ。大事です。対応してください。

ただし、**「やることをやってからでも大丈夫」**ということを強くお伝えします。

僕も何回もあります。

ビジネスにおいて、「悪い、三浦くん、今から来れる？　ちょっと相談したいことが……」といって声がかかったことが。

そんなときは、こういった具合に対応します。

「了解です！ 後1時間くらいで出られるので、そちらに着くのは○時くらいになります。大丈夫ですか？」

「悪いね……」

これ、ビジネスだけでなく、プライベートでも同じです。**馬鹿正直に、「今すぐ向かう必要はない」**のです。

最低でも1時間後に向かえば、相手は「待つことの不満」よりも、「来てくれた嬉しさ」を感じるものです。

**そのできた空白の1時間でやるべきことをやってしまいましょう。**それこそ完璧主義を捨ててクオリティが60点でも30点でも。ですが、そういうときはいつも以上に「集中力」が増し、いいパフォーマンスが発揮されたりします。

**不測の事態を言い訳にするのではなく、チャンスに。**

というのも、僕の継続の多くは、「1日24時間のウチのどこかの時間でやる」という緩い決め事なので、やりたくないときの時間を長く過ごすことが多い。

しかし、こういった不測の事態が起きると、「やべ！　やってない！　やらなきゃ！」と思えて、集中力が一気に高まるのです。

はっきりとお伝えさせていただきますが、僕もあなたもこれからの長い人生、不測の事態だらけでしょう。自分が予想したり思い描いたりした通りに事が進むなんて、あり得ない。

その**不測の事態が起きるたびに、あなたの素晴らしい継続チャレンジが終わるのはもったいなさすぎる。**

不測の事態の多くは「急な誘い」ですが、その他トラブルも何かしら対応策はあるはず。どうしても対応できないもの、たとえば大事な人が亡くなる……といったこと以外は、**何かしら「継続」できる方法は眠っているはず**です。

想定外のことが起きるたびにあたふたするのではなく、冷静になって、あなたの「夢」を叶える継続について、少しだけ工夫をすることをお勧めします。

# 29 「遊びに行かない」をやめる

不測の事態の対応はわかった。でも、21の「キャパオーバーをやめる」の項でも触れていたように、新しく継続チャレンジしているときは、遊びに行っている場合ではないのでは？

副業や英語など、新しく継続チャレンジをしている僕の周りの真面目な人たちは、

「今は無駄な飲み会をしている場合じゃない」
「旅行なんて行っている場合じゃない」

みんなそう言って修行僧のような生活を送ろうとします。ですが、そういう人ほど継続できません。

やはり、リフレッシュ同様、ある程度遊びは必要です。**リフレッシュ・気分転換・遊びを上手く活用できる人が、長く継続して大きな成果を出している。**

ただし、重要なのは**「継続を準備しての予定決め」が前提条件**です。ただただ飲みに行きたい、もう投げ出したいから旅行！ではなく、しっかりと事前に「継続すること」もセットで考えておくこと。

飲み会の予定なんて余裕です。18時・19時までにやればいいだけ。飲んだらできないと思ったら、予定前にやるべきことを片付けるはず。そして気持ちよく飲みに行けばいいのです。

僕も昔の「継続チャレンジ」をしていないときは、何も考えずに浴びるほど飲んでおり、次の日は二日酔いでした。しかし今は、次の日の「継続」に関わるので、セーブしながら飲んでいます。これも「準備」です。

旅行も別に環境が少し変わるだけで、そんなに問題はありません。

大事なのは、機材・道具系を忘れないことくらいです。

僕だったら、パソコンとマイク。できれば宿泊施設の Wi-fi 環境チェック。直近の旅行では、マイクを忘れて YouTube の継続ができず、かなり反省しています。

英語継続の方は、当然参考書や英語を聴く機材。最近はスマホで十分かもしれません。

筋トレダイエットでダンベルなどを使っている方は、さすがに重すぎるので、そのときだけは腕立てや腹筋・スクワットで対応してください。

飲みに行く日くらいお休み。旅行のときくらいお休み。

別にそれでも構いませんが、僕がこの項で一番お伝えしたいことは、根を詰めてやっても長続きしないということ。

**少し意識を変えて「準備」をすれば、大好きな人と遊びに行ったり、旅行に行ったりすることなんて、継続の邪魔にはならない**ということです。

楽しみながら、やりたいことをやりながら、継続も楽しんでください。

# 30 無駄な人間関係をやめる

ここまで読んでくれているあなたなら、僕の「継続論」の礎になっているのは、

・英語
・ダイエット
・メルマガ
・YouTube

の4つの攻略から来ていることがおわかりかと思います。もちろん、それぞれ微妙に違うところもありますが、基本は同じ「継続」。1つでも続けられれば、横への展開は比較的簡単に感じるはずです。

そんな少し違うジャンルの4つですが、この4つにチャレンジするたびに、共通してある事象が起こることに気づきました。それこそが**「新しい人間関係の構築」**。もっと強く言うと**「人間関係断捨離」**でしょうか。

よく言われることに、「人のストレスの90%はお金と人間関係」というものがあります。また、最近は日本も転職市場が活発ですが、転職したい一番の理由は「職場環境を変えたい」、つまり人間関係からくるものだと聞きます。

人は集団の中で生きていかなければならないので、人間関係で悩む人は本当に多いのです。

僕も個人事業主になって、サラリーマン時代よりは少しは楽になりましたが、煩わしい人間関係が「0」だと言えるようになるまでには、時間がかかりました。(今は限りなく0です)。

「何かを得たかったら、何かを捨てる」ということの重要性も、お話しさせていただきました。僕にとって**新しい継続チャレンジのたびに「捨てた」のは、無駄な人間関係だった**ように思います。

何かに継続チャレンジをしているときこそ見えることもあります。いつも通りの生活をしていたら、嫌な人とでも無理やり付き合えますが、ただでさえ忙しいなか、＋ONで何かを得ようとしているあなたにとって、**「無駄な人間関係」ほど足を引っ張るものはありません。**

「いかに自分は、どうでもいい人との付き合いに時間を割かれてきたのか？」驚くほど見えるようになります。

そんなときは、逆にこの「継続」を言い訳にして、どんどん誘いや連絡を断ってください。

「今、英語勉強中なんで」「今、ダイエット中でお酒はやめていて」。そもそも「忙しくて時間が捻出できません」と。

継続中も大事な友人やクライアントにはきっと時間を割けると思います。

ですが、少しでも「あの人に会うの面倒くさいかも?」と思ったら、どんどん言い訳しながら断っていきましょう。

僕自身、いろんなことに継続チャレンジ中に、過去10回くらい定期的に人間断捨離を行ってきましたが、何の問題もなく、もっと言えばより快適なビジネス時間・人生を過ごせています。

10回もやったからわかるのですが、**人は「キッカケ」がないと、なかなか人間関係を断捨離できません。**ずるずると引きずってしまう。はっきり言って時間の無駄です。

また、これも繰り返しになりますが、人間の多くは「継続」できない生き物です。だから**コツコツ頑張っているあなたを、近しい人ほど羨ましく思い、邪魔してくるもの**です。

「そんなの意味ないよー」

「ダイエット??美味いものを好きなだけ食べるのが人生じゃね?」

この言葉をご存じですか？「ドリームキラー」。

**ドリームキラーとは、あなたの夢や目標達成を、邪魔したり阻害したりする人のことを言います。**ドリームキラーを直訳すれば、「夢を殺す人」になります。

そして、このドリームキラーは「身近な人」が大半です。

・転職を相談した同期に「ヤメておきなよ」と説得される
・副業をやっていることを同期が知って会社に報告→会社解雇
・英語を学んでキャリアアップしている友人に「今さら英語？意味ない」
・ダイエットしている友人を容赦無く誘ってくる

もう、**こんなのは友人とは呼べません。**

あなたの素晴らしい継続チャレンジを応援してくれない人は、とっとと断捨離することをお勧めします。

chapter

5

# 失敗してもあきらめないための「やめる」

# 31 結果至上主義をやめる

「ビジネスは結果が全て」。僕の大好きなスポーツの世界も「勝敗が全て」という言葉が当たり前のように使われています。

ですが、こと、**僕らの「継続チャレンジ」に関しては、結果よりも「プロセス」が大事**だと断言できます。

そこにはいろんな理由があるのですが、強いて挙げるとすれば、以下３つです。

**❶すぐに結果が出ないことにチャレンジしているから**

ちょっと努力しただけで手に入るものにチャレンジしている人は、「継続」で悩みません。なぜならば「継続」で悩む前の段階で手に入れられるから。

ですが、**多くの方はそんなに簡単に手に入らないものを欲している。だから継続できずに悩む**のです。

最初から、短距離走ではなく、マラソンをやっているという意識で取り組みましょう。もっと言うと競技のマラソンではなく、ホノルルマラソンです。参加することと、ゴールすることが大事。タイムなんて関係ありません。

## ❷ ラッキーパンチは継続の敵だから

これは僕の2013年のYouTubeの経験で強く感じたことです。

当時は今よりもGoogleの規制が甘く、信じられないくらいYouTubeで稼ぎやすい時代でした。ですが、そんな甘い時代が長く続くはずはなく、すぐにGoogleから規制が入ります。僕自身、たった1ヶ月半の継続で36万円振り込まれたときは驚きましたが、やはり一瞬でアカウントがBANされてしまいました。

その後、再開するやる気が起きず。結局、再びYouTubeをやるまで6年かかりました。

その6年の間に、定期的にGoogleの厳しい規制の目をくぐり抜け、比較的楽に稼ぐ手法が編み出されましたが、当然どれも長続きしません。そのたびに僕の過去の経験をお伝えしても、なぜか人間は「自分は大丈夫」と思ってしまう。

そんなに簡単に稼げる方法なんて世の中にはない、ということを認識すべきです。稼ぎだけではありません。**僕らが「継続」して手に入れたいものに、ラッキーパンチなんて存在しない**ということも、早めに理解しましょう。

もし、仮にラッキーパンチが当たったら、同時にリスクマネジメントを。

## ❸ 他人との比較には意味がないから

「結果」ばかりを気にする人は、結局その「結果」が合格点なのか？　まだまだなのか？　その判断を他人との比較に委ねる傾向にあります。同じ時期に始めたのに、あの人はあんなに先を走っている→俺はダメな人間だ、という思考に陥りがちなのです。

副業を集団で指導させていただくとき、最初の個人面談では「月10万円稼ぎたい」と言っていた方が、気づいたら100万円目指している人と比較していたりする。

金額なんて関係ないのです。副業において100万円稼いでいる人の方が、10万円稼いでいる人より偉い、なんていうルールはありません。

ダイエット・英語もそうでしょう。

カッコつけていうと、**継続は「自分」との戦いです。**継続できない自分との戦い。結果は継続というプロセスの後に自然とついてくる、という意識を。

特に最初のうちの、成果が目に見えてわかり出す前は、結果に固執しているとロクなことになりません。

毎日体重計に乗るダイエットも有名です。ですが、このノウハウのキモは「いかに痩せたか」ではなく、「増えてしまった」という危機感を煽ることです。

ダイエットは稀ですが、大半の継続は「＋」を求めます。その「＋」は簡単には得られません。しかし、継続することで間違いなくGOALに近づきます。

**気づいたら結果がついてくるというのが「継続」**なのです。

結果を出すために「継続」するという気持ちもわからなくはないですが、最初はシンプルに「継続」だけにFOCUSを当てることを強くお勧めします。

# 32 「自分の選択に自信が持てない」をやめる

僕の継続での成功体験は、メルマガ・YouTube・ダイエット・英語の４つがメインです。こうやって書くとそれぞれ「１つの単語」で表現できますが、実際はダイエットだけでも無数にやり方が存在しますし、英語も目的次第では、手を付けるジャンルが１８０度異なるということも起こります。

メルマガとYouTubeに関しては、今の時代の「副業の稼ぎ方の１つ」とも言えます。実際に、サラリーマンをされながら、会社にバレないように偽名でメルマガを書いたり、顔出し・名前出しせずにYouTubeを実践されている方は、年々増えています。

副業は、いまだに禁止している会社が多く、特に公務員の方は、かなり制約が厳しいそうです。

そうなってくると、会社で認められている方に比べて、選択肢が減るのは事実です。それでも今の時代は、英語・ダイエット並みに選択肢が増えていて、迷う方はとても多いです。

実際に指導させていただいて思ったのは、**人は「自分で選ぶのが苦手」**だということ。

就職活動をしている学生でも、「自分はこの会社でこんな仕事をしたい！」と明確に決めている学生なんて、1割もいないでしょう。なんとなく会社の知名度だったり、噂だったり、もっと言うと安定思考で選ぶ人が多い。

小学校受験・中学受験・高校受験・大学受験といったものまで広げても、僕は自分の判断だけで決めたのは、今のところ「結婚相手」と、サラリーマンを辞めた後に「個人でビジネスをする」ということの2つだけのような気がします。

つまり何が言いたいかと申しますと、今の豊かな日本で生まれた多くの人は、いつも誰かの意見や置かれている環境で「なんとなく」選択することに慣れているので、**自分1人**

**で決めることがとても苦手**だということです。

その「自分で決められない」状態に慣れてしまうと、いざ気持ちが高ぶって、「英語をマスターしよう！」「ダイエットしよう！」「副業をやろう！」と目覚めても、その先で止まってしまう人が多いのです。

そして、**もっと悲惨な状況は、「自分で選択したことに自信が持てない」ということ。**

いざTOEICの点数を上げて転職活動に役立てたい！と思っても、途中で「やはりもっと実践的な会話を多めにした方がいいかな……」と思ったり、せっかく炭水化物ダイエットを始めても、ちょっとネットで「炭水化物ダイエットはリバウンドする人が多い」なんて記事を見つけると、困惑したりする。

そういった、ある意味優柔不断な方にアドバイスさせていただく内容は、たった2つです。

1つ目は、**「しっかりと事前リサーチをして、そのノウハウで結果を出している人がいることを確認する」**こと。

世の中の誰か1人でも成果を出せたノウハウは、成立しているということ。結果が出ないことはありません。それが確認できたら、あとは迷わず継続すること。シンプルに考えるべきです。

ですが、わかっていても他のやり方や今のジャンルに疑問が拭えない方もいらっしゃるでしょう。そんな方に向けた2つ目のアドバイスは、**「期間を決めて、それまで継続してから再度判断する」**ということです。

一度決めたことを、たかだか3日や1週間で判断するのはナンセンス。ジャンルによって異なりますが、少なくとも1ヶ月から3ヶ月は継続してみてから判断しましょう。

最初に言っておきますが、そうやって無事1ヶ月から3ヶ月続けた方で、ジャンルやノウハウを変える方は、ほとんどいません。

**自分の選択・チャレンジにもっと自信を持ってください。**

今の時代、情報という名の、あなたの継続を邪魔する雑音は無数に存在します。

そのたびに翻弄されることなく、自分の選択に自信を、です。

# 33 「時間の無駄だった」をやめる

継続チャレンジ中に、思いがけない妊娠や、急な海外転勤、体調不良、家族の不幸などの状況の変化は、突然訪れるものです。

それでも「継続」してもらいたいというのが本音ですが、さすがに僕も大嫌いな「気合いで！」「気持ちで！」という言葉に逃げたくはありません。

一度活動を休止する旨を聞くときには、また落ち着いたら連絡して、と言うようにしています。

そのときに、こんな言葉をいただいたことがありました。

「せっかくここまで頑張ってきたのに、残念です。ここ数ヶ月の努力をドブに捨てました」。

いやいや、ちょっと待ってください。そんなことはない。確かに志半ばかもしれないが、再チャレンジするときは「0」からのスタートではない。

もっと言うと、その**数ヶ月継続できた経験・知見は必ず、財産としてその方の中に残っている。**

再チャレンジするときは当然アドバンテージを持ってスタートできますし、仮にその空白期間中に価値観が変わって、違うことにチャレンジすることになっても、きっとそこでも「継続」が課題になってくるはず。

**一度継続にチャレンジしたことは絶対に無駄にはなりません。**

僕の場合は、相変わらずメルマガとYouTubeは継続中ですが、英語・ダイエットに関しては継続を一度やめている状態です。

英語＝夢だった映画を字幕なしで見ることは、いまだにできない。TOEICも目標にしていた900点に届かず挫折。

それでも、たまに仕事で出てくる英語の文章は以前よりも格段に理解できるし、軽い英会話も昔からは信じられないくらいできるようになった。もっと言うと、中学生に教える機会も出てきた。

ダイエット＝目標体重にいかずに挫折。その後、リバウンドを繰り返すも何よりも「知見」が溜まっており、定期的に「そろそろヤバいな……」と思ったら、自然と再継続できる状態になった。

志半ばではありますが、「時間の無駄だった」とは一切思っていません。そのときに自分なりに継続したことは自信になりましたし、何よりわかりやすく「スキル」として残っている。

**いくら途中でやめたからといって、「継続した」という事実は消えません。**

・ブログビジネスを途中で挫折した人も、ライティングスキルが伸びて本業の企画書制作に役立っている

・物販ビジネスを一度休止している方も、活動中に経験した「外注化」のスキルが部下へ

のディレクションに役立っている
・YouTubeを3ヶ月だけやった人が、友人に頼まれて結婚式ビデオを制作した
・BUYMAをやった方が、普段のファッションでおしゃれになっている

**確かに当初の目標とは違っているかもしれない。だけど、あなたの行った「継続」がさまざまな形で生かされる場面が、必ず存在します。**


一度、何かしらの理由で継続をやめなければいけない方へ。

「時間の無駄だった」とは思わず、再チャレンジするときはさらなるドライブを。そして、継続した経験を自分のよりよい人生に役立ててください。

「継続したこと」は、あなたを絶対に裏切りません。

# 34 できなかった日に自分を責めるのをやめる

僕がメインで指導させていただいている「副業」は、「継続」との戦いです。もっと言うと「継続」さえできれば、何かしらの成果は必ず出ます。

ですが、英会話・ダイエット同様、仕掛ける側（自分のサービスや商品を紹介する人）が「誰でも簡単に」というアプローチをすることが多く、耳障りのいい言葉を入口に実践を始める方ばかりなので、皆、いざやってみると「こんなに大変だとは思いませんでした」と異口同音におっしゃいます。

**ただでさえ本業や家事・育児で疲れているうえに、さらにそこに負荷が加わるので、多くの方が挫折していくのが現状**です。

僕は、英語もダイエットも副業も同じ構造だと考えます。それは、

・人気があって
・簡単にできそうだけど
・いざやってみると大変だし時間もそれなりにかかる

だから市場はどんどん大きくなる（成功者が少ないということです）。

ですが、これだけはお伝えさせてください。副業で成果を出すことは、サラリーマンで出世するより、家事・育児を毎日１００点でやるより、遥かに少ない労力で達成できます。だから少しだけ「継続」をしてもらいたい。いつも僕が抱いている思いです。

何かしら自分の人生を変えたくて、新しい「継続」にチャレンジする方の多くは、既に忙しい方が大半です。

**そのうえで、さらに「頑張ろう」と思うこと自体が素晴らしい。**多くの方は、「現状維持」でいっぱいいっぱいですから。

**少なくともこの本を手にしてくれたあなたは、「変わろう」としている。まずはそういう気持ちになれたことを誇りに思ってほしいのです。**

「継続」指導をさせていただく中で、頻繁に聞きます。

「すみません。今月は忙しくて」
「やろうやろうとは思っているのですが、どうしても時間が作れず」
「メンバーの皆（一緒に継続チャレンジをしている仲間）は、あんなに頑張っているのに。ほんと自分はダメ人間です」

こういう相談が来るといつもこう返します。

「大丈夫。絶対に成果は出ます。なぜやる気が出ないのか？時間の捻出は本当に無理なのか？一緒に考えましょう」。

僕がやっている副業指導ビジネスは、学校や会社と違って「強制力」はありません。いつやめても別に僕から怒られる訳でもなく、本業でマイナス評価になるなんてこともありません。

そんな環境ですから、本当にやる気がない人は「音信不通」になるんです。

つまり、「やる気が出ないからヤバい」とすら思わないということ。

年始に宣言した方の92％は挫折するんです。新しい何かを得て生まれ変わろう！と思うのは一瞬で、すぐに今の不満な現実世界に戻っていく。

そういう人が大半な中、「やる気が出ません」と悩む人ってすごくないですか？

**やる気が出ない＝危機意識を持っているということは、対策の練り様はいくらでもあります。**ぜひ、ここまでの項を見返してみて、やれることを探していきましょう。

やれなかった自分を責める前に、やれなかった自分をヤバいと思えたことに未来を感じてください。

# 35 「できなかった自分にペナルティ」をやめる

23の「食わず嫌いをやめる」の項で、自分の価値観や偏見だけを信じずに、とりあえずは成功者のノウハウを全部やってみた、ということをお伝えしました。

そんな中、最初はすごく恥ずかしかったのですが、「ビジュアル化」＝継続の先に得られる未来を、スマホの待受画面や日々の作業場所に貼っておくノウハウが活きたということも。

ですが、実際にやってみて感じたのは、公開されている継続ノウハウ全部が、全員にふさわしいとは思えないということです。やはり人によって向き・不向きはある。

僕の中で、最も向いていなかったのがこれでした。

「できなかった自分にペナルティを課す」というノウハウ。

このノウハウも構造は単純で、禁煙中にたばこを吸ってしまったら、妻に1，000円払うとか、禁酒中についい飲んでしまったら風呂掃除、勉強を怠けたらダイエットがてら腕立て50回など、「あのペナルティ嫌だな……だから、継続しよう！」という刺激を与える方法です。

確かにモチベーション2．0の「報酬と罰則」の話にも通ずるので、効果的かと一瞬は思ったのですが、とにかく僕は「暗い気持ちになった」というのが本音です。

継続できないうえに、さらにペナルティを科すというのはキツすぎました。キツすぎて、すぐにペナルティをなかったことにするという暴挙にでた記憶すらあります。

でもこの経験はすごく活きました。というのも、**僕が目指す理想の継続というのは、「眉間に皺を寄せてやるもの」ではない、ということを知ることができた**からです。

無理やり自分に鞭打って、無いモチベーションを掻き立てても、そんなのは一瞬。

**そんなペナルティを科すくらいなら、なかなか続かない「チャレンジ」に向かって、今**

**日も頑張れた自分にご褒美をあげる方が、僕には100倍効果がありました。**

ペナルティは、毎日の定時の出社、パートナーが全く協力してくれない大変な家事・育児など、つまり本業で十分だと考えます。

そのつらい本業だけでなく、副業でさらにペナルティを科すのは、少なくとも弱い僕には全く効果がありませんでした。

確かに継続は、慣れない方にはつらいかもしれません。自然と眉間に皺が寄るかもしれません。ですが、「今日もできた。昨日の自分よりも少し成長できた。あれ？ いつのまにこんなに進んだの？ 自分、すげぇーーー！」という明るい気持ちで向き合うべきものです。

そうでないと、GOALにたどり着く前に間違いなく疲弊して挫折します。

できなかった自分にペナルティよりも、できた自分にご褒美を。

明るく前向きに、一緒に継続していきましょう。

# 36 「成功者＝才能」という勘違いをやめる

いくら「継続は自分との戦いだ」「他の人と比べても意味がない」と、自分に言い聞かせて理解したつもりになったところで、どうしても他者と比較してしまうのが人間です。

その「比較」も穿った見方になっていく。

**多くの人は「才能」というものに逃げて、継続をあきらめる傾向にある**ということもわかりました。

「あの人は才能があるからできる。私には才能がないからできない」

「だからこのまま続けても意味がない。だって才能がないんだから」

僕自身、サラリーマン時代にはさほど感じなかったのですが（多分、会社のブランド・看板に安心していたから）、個人事業主になってから、一気に見える世界が広がり、「才能コンプレックス」が日に日に拡大していきました。

僕は中学から大学まで一貫校の私立学校に通い、その後は大手広告代理店に就職して13年間営業をしました。そのなかで、人よりも多くの「優秀な方」と出会えたのが財産だと、今では思えます。

ですが、つい最近まではすごく嫌でした。優秀な人に会えば会うほど、自分の無力さ、才能のなさに嫌気がさしたからです。

人によっては、テレビに出ているあのタレントと仕事をしたことがある？ クリエイター界隈でも有名なあの人とも同じプロジェクトを？　えっ、あの会社のCEOって三浦の学生時代の知り合いなの？ 今、インターネットビジネスで大活躍中のあの人とも知り合い？？ などと言ってくれる人もいます。

きっと、ただただミーハーな気持ちで、何気なく言っているだけでしょう。

ですが、そういうただのミーハーな声が、自分の中で勝手にこう変換されていきました。
「優秀な人とたくさん仕事をしたり、知り合いが多いだけの普通な人」。

どう考えても被害妄想でした。ですが、そう思ったのは紛れもない事実です。

「俺には何もない」
「彼らの才能の少しでも分け与えてもらいたい」

そんな劣等感を持ちながら日々を過ごしていく中で、転換期が訪れます。
それは柄にもなくニーチェの言葉を読んだことがキッカケです。
以下、3つです。

「あまりに完璧なものを見たとき、我々は『どうしたらあんなふうになれるのか』とは考えない」。その代わりに「魔法によって目の前で奇跡が起こったかのごとく熱狂してしまう」。

「芸術家の素晴らしい作品を見ても、それがどれほどの努力と鍛錬に裏打ちされているかを見抜ける人はいない。そのほうがむしろ好都合と言っていい。気の遠くなるような努力のたまものだと知ったら、感動が薄れるかもしれないから」

「我々の虚栄心や利己心によって、天才崇拝にはますます拍車がかかる。天才というのは神がかった存在だと思えば、それにくらべて引け目を感じる必要がないからだ。『あの人は超人的だ』というのは、『張り合ってもしかたない』という意味なのだ」

※アンジェラ・ダックワース著・神崎朗子訳『やり抜く力 GRIT』（ダイヤモンド社、２０１６年）より。

まさに自分の「才能逃げ論」を、そのまま言語化されているように思い、驚きを隠せなかったのと同時に、少し恐怖すら覚えました。

才能のある人と自分とは別の人種である、というように、自分の中で才能を神格化した方が楽だったということです。

僕は、せっかく出会えた素敵な優秀な彼らの「成功体験」の部分しか見ようとしませんでした。人よりも近くにいたのに、**僕は彼らの「愚直な継続」を無視し、ただただ「才能」という言葉に逃げていた**ことに気づいたのです。

誰もが知る、ミュージシャン・俳優のあの人は、完全な休日は、1年のうちにたったの2日と聞きました。

あの誰もが知るサッカー選手も、現役最前線にいながら、さまざまなビジネスをしかけていることを知りました。

あのクリエイターの1日の仕事量を知ったときは、吐きそうになり「俺には無理だ」と痛感させられました。

「才能」だけでは、間違いなく彼らは、あのポジションまでたどり着けていない。**僕らが憧れている成功者の誰もが、「継続」があってこそ今の地位にいる。そのことから目を背けないことを知ってから、僕の「継続」の物語は始まったと言っても過言ではありません。**

再びカラーバス効果の話をさせていただくと、才能を神格化し過ぎていて見えなかった「成功者の継続」が、あらゆる情報の中からたくさん見えてきます。

・マラソンオリンピック金メダリスト高橋尚子さんは、今は亡き名コーチ小出義雄監督から現役時代こう言われたそうです。
「お前には才能がないんだから、トレーニングを世界一やらなきゃいけない」。
・作家リチャード・バックの言葉
「プロの作家とは、書くことをやめなかったアマチュアのことである」。
・2019年日本中を沸かせたラグビー日本代表
なんと、W杯直前の年、365日中240日合宿をしていたそうです。そんな国他にはない。世界一の練習量が生んだ数々の奇跡なのです。

**僕らは成功者＝才能と勘違いし過ぎ**だということです。
成功者＝才能という幻想を捨てましょう。
そして、彼らと同じは無理だとしても、10分の1でも継続を。
きっと、あなたの人生は大きく変わるはずです。

# 37 「才能∨努力」という思い込みをやめる

いくら才能がある人でも継続していることはわかった。でも、そもそも同じ「継続＋努力」なら、才能がある人の方が有利な状況には変わりないのでは？

そういう指摘もわかります。

確かに僕も一度は考えたことです。ですが、その考えもすぐに吹き飛ぶことになりました。

先ほどニーチェの言葉を引用するにあたり、『GRIT』を紹介させていただきました。

この本は、作者であるアンジェラ・ダックワースにより2016年5月にアメリカで発売され、日本には同年9月に書店に並びました。

彼女の長年の研究成果をまとめたその書籍は、「ニューヨーク・タイムズ」のベストセラー上位にランクイン。たちまち異例のベストセラーになり、その内容を展開したTEDトークの視聴回数は900万回を超えました。

実際に読んでみて、全体的に素晴らしいと思いますが、特に僕は、**才能よりも「GRIT＝やり抜く力」の方が大事**だと繰り返し伝えているところに、一番勇気をもらいました。

確かに、先天的な才能の差はある。しかし、その才能を持った人が全員成功している訳ではない。彼女はその書籍で「才能」「努力」「スキル」「達成（成功）」をこう定義しました。

● 才能×努力＝スキル
● スキル×努力＝達成（成功）

つまり、**達成（成功）を得るには、努力（継続）が2回影響する**ということ。

これにはすごく納得がいきましたし、凡人の僕は大きな勇気をもらえました。

何かを達成するには、スキルが必要になります。そのスキルを習得するうえで「才能」は、確かに時間や効率に影響を及ぼすでしょう。

ですが、**スキルを得ただけでは「達成」までには届きません。成功はそこから再び努力（継続）をすることで、導かれるもの**です。

多くの才能がある人が、脱落するポイントでもあります。

つまり、才能がある分、スキル習得の努力（継続）は普通の人よりも楽かもしれない。その楽さゆえに努力＝継続＝やり抜く力が磨かれず、結果として達成（成功）までの足枷になることもある、ということです。

こんな簡単な方程式にあてはまるものではないかもしれませんが、以前ＴＢＳで放送していた「消えた天才」を思い出しますし、僕の体育会時代を思い起こしても、才能を持ちながらも、努力（継続）の人に負けている人がたくさん頭に浮かびました。

もっと言うと、僕はコンプレックスの塊だったのに、今では「才能に逃げてもしょうがない」と開き直っていたりします。

他の文献や情報を調べても、いまだに成功は「先天的な要素（才能・資質）が強いのか？後天的な要素（育ち・環境）が強いのか？」議論されていると言います。

ですが、そんな結果、どうでもよくないですか？今さら才能や資質なんて変わらない。もっと言うと環境もなかなか変えられない。

しかし、**多くの方が「継続」「努力」「やり抜く力」がないのがわかっているなら、人よりも少しだけ継続してみればいいのでは？そう思った方が前向きになれませんか？**

僕らはヒーローモノに洗脳され過ぎました。イケメン俳優、美人女優の恋愛モノに慣れ過ぎて、自分にないものを持っている人に極端に憧れる傾向にあります。

その反対に、昔ほど体育会系の色がなくなった時代とはいえ、いまだに努力＝継続＝泥臭くてカッコ悪いという風潮は存在します。

ですが、もう少しその憧れている存在を覗いてみましょう。
・テスト勉強を全くしていない風に見えるのに、いつも成績がいい→見えないように勉強しているだけです。

・塾に行っていないのに東大→勉強している量は変わりません。
・涼しい顔してピアノコンクール優勝→幼い頃から音楽一筋の家庭の練習量は尋常ではありません。
・いつも定時に帰るのに、営業成績NO・1→帰ってから勉強、ビジネス塾、異業種交流会などでスキルを磨いています。
・たった1年で年商1億円→セールストークで「たった」を使っているだけ。副業で人よりも早く大きく成果を出した人は、1日平均3時間睡眠。

みんな見えていないだけで、地道な継続があってこその結果です。ですが、僕らはそういう側面を「あえて」見ようとしません。勝手に神格化して終わってしまう。

**もう勝手に彼らを主役にするのはやめましょう。あなたの人生の主役は当然あなたですから。**

別に彼らほどの成功なんて望んでいなくても、彼らのほんの少しの継続力を身につけることは苦ではないはず。

そして、それが身につけられれば、見える世界は変わると断言できます。

## おわりに　「夢は叶わない」をやめる

４年前くらいだったと思います。最初に「継続について出版したいな～」と思ったのは。ですが、当時は「こんな自分が出版なんて、夢のまた夢だな……」とも思いました。

僕が本好きになったキッカケは大学の体育会時代の寮生活から。暇な時間に読み始めた小説にはまって、そこからは趣味＝読書と言ってもいいくらいになりました。

社会人になったら、「もっと勉強しなきゃ」と思い、定期的にビジネス書を読むことも。

そして最も本好きにドライブがかかったのは、個人事業主になった２０１３年以降です。

サラリーマン時代は、黙っていても与えられた仕事をしているだけで、十分情報収集できます。ですが、個人事業主は誰からも何も与えてもらえないので、自ら「学び」、「情報収集」しなければいけません。

たくさんの本に助けられながら、いつしか、読むだけでなく「書く方」「届ける側」に回ってみたいと思うようになりました。そして、

「継続は裏切らない」
「継続だけは平等」
「継続だけが全員に与えられた最強の武器」

ということを1人でも多くの方に伝えたいという気持ちが強くなっていきました。

そして今回ついに、自分の人生を変えてくれた「継続」をテーマに、夢であった出版が実現しました。

すごく感慨深いです。

4年前になんとなく描いた構成と今回の構成に大きな違いはありません。

編集者の岩川さんのおかげでより企画的に洗練されましたが、4年前から僕が感じている継続の原理・原則・真理に大きな変化はありません。

きっとこれから何十年も自信を持って伝えられるテーマだと思います。

これからも僕はいろんな「継続」にチャレンジしていくと思います。
継続に学歴や地位や年齢は関係ありません。誰でも今から始められる。
だけど、多くの人は挫折する。
だから、継続ができた人間は輝ける。

僕は今回1つの夢を「継続」で勝ち取りました。次はあなたの番です。
「夢」に向かって、1歩踏み出し、愚直に継続していってください。
あ、スタートダッシュは禁物です。スモールステップから！ 笑

それでは、どこかでお会いする機会があったらぜひ、あなたの「継続チャレンジ」を教えてください。

三浦孝偉

# 本書を
# お読みくださったあなたへ
# 感謝の気持ちを込めた「プレゼント」のご案内

本書をお読みくださったあなたへ
私、三浦孝偉より、感謝の気持ちを込めて
プレゼントをご用意いたしました。
ぜひ、ご活用ください。

## プレゼント内容

世界一だらしない『継続セミナー動画47分51秒』　動画

泣く泣く割愛した「継続実践法」PDF

不思議と継続したくなる名言集35　PDF

詳細は下記よりアクセスください　→

https://yameru-lp.koi-comm.com

※特典の配布は予告なく終了することがございます。予めご了承ください。
※動画、PDF はインターネット上のみでの配信になります。予めご了承ください。
※このプレゼント企画は、三浦孝偉が実施するものです。
プレゼント企画に関するお問い合わせは「https://koi-comm.jp」までお願いいたします。

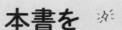

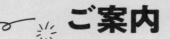

**三浦孝偉**（みうら・こうい）

株式会社KOIコミュニケーションズ代表取締役
博報堂に13年間勤務した後、独立。法人コンサル＋副業・起業アドバイザー。情報発信ビジネスを主軸にし、メールマガジン2万人の読者に毎日10年間メルマガを配信する。YouTube登録者数は19,000人。
多くの方に副業・起業支援を行う中で、結果を出すために大切なのは、学歴や地位などではなく、何より地道に真面目にコツコツ取り組むことだと実感。「継続こそ最強」と考え、継続研究とその指導に力を入れている。

**脱《だつ》・三日坊主《みっかぼうず》で弱者《じゃくしゃ》でも勝《か》てる**
**続《つづ》けられる人《ひと》になるための37の「やめる」**

2023年3月2日　初版発行
2023年4月10日　3刷発行

著者　三浦孝偉
発行者　和田智明
発行所　株式会社ぱる出版
〒160-0011　東京都新宿区若葉1-9-16
03(3353)2835－代表　03(3353)2826－FAX
03(3353)3679－編集
振替　東京　00100-3-131586
印刷・製本　中央精版印刷(株)



ISBN978-4-8272-1387-4　C0030